Johann Wolfgang von Goethe

Faust I

von Hans-Georg Schede

Schroedel Interpretationen   Band 20
westermann

westermann GRUPPE

© 2011 Bildungshaus Schulbuchverlage
Westermann Schroedel Diesterweg
Schöningh Winklers GmbH, Braunschweig
www.schroedel.de

Das Werk und seine Teile sind urheberrechtlich geschützt. Jede Nutzung in anderen als den gesetzlich zugelassenen Fällen bedarf der vorherigen schriftlichen Einwilligung des Verlages. Hinweis zu § 52a UrhG: Weder das Werk noch seine Teile dürfen ohne eine solche Einwilligung gescannt und in ein Netzwerk eingestellt werden. Dies gilt auch für Intranets von Schulen und sonstigen Bildungseinrichtungen.

Druck A [3] / Jahr 2017

Redaktion: Dr. Hans-Georg Schede und Dr. Oliver Pfohlmann
Reihentypografie: Thomas Schröder, Braunschweig
Satz: Ira Petersohn, Ellerbek
Druck und Bindung: westermann druck GmbH, Braunschweig
Titelbild: Will Quadflieg als Faust und Gustav Gründgens als Mephistopheles in dem Kinofilm, der 1960 unter der Regie von Gründgens' Adoptivsohn Peter Gorski auf der Grundlage der Aufführung von 1957 am Deutschen Schauspielhaus Hamburg (Regie: Gustav Gründgens) entstand.
Foto: © ullstein bild – united archives

ISBN 978-3-507-47721-6

Inhalt

Einführung 5

I Biographische und zeitgeschichtliche Einflüsse .. 7

  1 Biographischer Zusammenhang 7

  2 Zeitgeschichtlicher Hintergrund 17
    Der historische Georgius Faustus 18
    Das »Faustbuch« von 1587 19
    Christopher Marlowes »Doctor Faustus«-Drama . 21
    Goethes Umgang mit der Stofftradition 23
    Problemlagen des 18. Jahrhunderts in »Faust I« .. 25

  3 Entstehungsgeschichte 27
    Der »Urfaust« 28
    »Faust. Ein Fragment« (1790) 30
    »Faust. Eine Tragödie« (1808) 32

II Inhaltsangabe 37

III Analyse und Deutung 57

  1 Form 57
    Gesamtstruktur 57
    Die Vorspiele 59
    Die Gelehrtentragödie 65
    Die Gretchentragödie 69
    Metrische Vielfalt 76

  2 Figuren 86
    Faust 86
    Mephistopheles 92
    Gretchen 97

  3 Gehalt 103
    Genie und Melancholie 104
    Pakt und Wette 109

IV Exemplarische Interpretationen ... **115**

1 Welche Funktion hat die zweite Szene
»Straße«? (V. 3025–3072) 115
Einordnung in den Handlungsverlauf 115
Untersuchung der Szene 116

2 Wie ist die letzte Begegnung zwischen
Faust und Gretchen (»Kerker«) gestaltet? 119

V Literaturgeschichtliche Einordnung **125**

Tendenzen des Sturm und Drang in »Faust I« ... 126
Klassische Tendenzen in »Faust I« 131

VI Rezeption **135**

Auswahlbibliographie 139

Über den Autor 142

Bildquellenverzeichnis 143

Einführung

Goethe war die prägende Gestalt seiner Epoche (in Bezug auf deren geistige Entwicklung). Der Zeitraum von 1770 bis 1830 ist daher von manchen Literaturhistorikern einfach als »Goethe-Zeit« etikettiert worden. Goethe in Weimar, versehen mit einem Empfehlungsschreiben, einen Besuch abzustatten, war für viele Zeitgenossen, auch aus dem europäischen Ausland, ein entscheidendes Bildungserlebnis. In frappierendem Widerspruch hierzu steht die Tatsache, dass Goethes Werke insgesamt nicht populär waren und kein großes Publikum fanden. Nur zwei seiner Dichtungen kannte damals fast jeder: den Roman *Die Leiden des jungen Werthers* (1774) und den ersten Teil der *Faust*-Tragödie (1808). Auch heute noch sind sie seine bekanntesten Werke. *Faust* ist überdies das am gründlichsten kommentierte Werk der deutschen Literatur.

Ziel und Anspruch dieses Buchs ist, die interessantesten und ertragreichsten jüngeren Beiträge der *Faust*-Forschung (die kein einzelner Mensch mehr ganz überblicken kann) vorzustellen und ihre Erläuterungen und Interpretationsansätze, ergänzt durch eigene Überlegungen, so zusammenzuführen, dass insgesamt ein in sich schlüssiges Bild entsteht. Dass vor allem die neuere Forschung berücksichtigt wird, bedeutet dabei keine einseitige Verengung der Perspektive, weil in ihr diejenigen Erträge der älteren Forschung, die sich als überzeugend erwiesen haben, aufgenommen sind und weitertransportiert werden. Am meisten verdankt dieser Band den Darstellungen Jochen Schmidts (1999) und Peter Matusseks (1996), den verschiedenen Arbeiten zu *Faust* von Werner Keller sowie den *Faust*-Kommentaren von Albrecht Schöne (*Frankfurter Ausgabe* von Goethes Werken), Erich Trunz (*Hamburger Ausgabe*) und Victor Lange (*Münchner Ausgabe*).

Aufbau dieses Bands

Angesichts der Fülle von Problemkreisen und Fragen, die Goethes *Faust*-Dichtung berührt und aufwirft, musste auf manches verzichtet werden. So werden Goethes Beschäftigung mit hermetischem Schrifttum und seine eigenen alchimistischen Experimente – beides während der langwierigen Genesungsphase des Neunzehnjährigen im Elternhaus in Frankfurt nach einem am Studienort in Leipzig erlittenen Blutsturz – nur am Rande erwähnt, auch wenn sie für Goethes Gestaltung von Fausts Hinwendung zur Magie eine wichtige Voraussetzung darstellen. Dennoch wurde versucht, auf notwendig beschränktem Raum alles Entscheidende nicht nur anzureißen, sondern so ausreichend genau zu erläutern, dass der Leser nicht lediglich Schlagworte geliefert bekommt, sondern Zusammenhänge nachvollziehen kann. Erst daraus kann sich die Fähigkeit entwickeln, selbstständig zu argumentieren und eigene Positionen zu beziehen.

Wie alle Bände dieser Reihe beginnt auch dieser Band mit einem Kapitel, in dem Zusammenhänge zwischen Leben und Werk und zeitgeschichtliche Bezüge vorgestellt werden. Dann folgt eine Inhaltsangabe. Das Hauptkapitel beschreibt die spezifische Form des *Faust I*, betrachtet seine drei Hauptfiguren und geht auf seinen Gehalt ein. In den beiden exemplarischen Interpretationen wird das zuvor Erläuterte angewendet und fortgeführt. Mit der literaturgeschichtlichen Einordnung des Dramas, kurzen Hinweisen zu seiner Wirkungsgeschichte und einer Auswahlbibliographie geht der Band zu Ende.

Die Zitate aus *Faust I* werden durch bloße Nennung der Versangabe nachgewiesen. Zitiert wird nach der Ausgabe in der Reihe *Schroedel Lektüren* (Braunschweig 2015; vgl. S. 139 dieses Bands), die den Text der Erstausgabe von 1808 *(Faust. Eine Tragödie)* in neuer Rechtschreibung enthält. Bei allen anderen Zitaten erfolgt der Nachweis mithilfe von Kürzeln, die in der Auswahlbibliographie aufgeschlüsselt sind.

I Biographische und zeitgeschichtliche Einflüsse

1 Biographischer Zusammenhang

Der Faust-Stoff hat Goethe fast sein ganzes Leben begleitet. Mit vier Jahren, zum Weihnachtsfest 1753, bekam er von seiner Großmutter ein Puppentheater geschenkt, mit dem er bald eigene Theateraufführungen veranstaltete. Zu ihnen gehörte vermutlich auch die Geschichte vom Teufelsbündner Faust, die damals in Deutschland vor allem als Marionettenspiel im Repertoire der Wandertheater fortlebte. Als junger Student der Rechtswissenschaften in Leipzig machte Goethe nicht nur Bekanntschaft mit Auerbachs Keller und anderen Vergnügungslokalen, sondern fühlte sich auch von dem trockenen Schulwissen der Universitätslehrer abgestoßen. Nach drei Jahren musste er aufgrund einer schweren gesundheitlichen Krise das Studium unterbrechen. Die lange Genesungszeit im Frankfurter Elternhaus geriet zu einer Phase der Neuorientierung, in der er sich zeitweise mit Eifer ins Studium alchemistischer Werke vertiefte und sich auch selbst ein kleines Laboratorium einrichtete. Sein Hunger nach Erkenntnis der inneren Zusammenhänge der Natur, gespeist aus dem Bedürfnis, eine konkrete Anschauung der Welt und damit auch eine eigene tragfähige Position in ihr zu gewinnen, gleicht Fausts Situation zu Beginn des Dramas.

Nachdem Goethe 1770/71 in Straßburg sein Studium beendet hatte, begann er in seiner Heimatstadt Frankfurt als Rechtsanwalt zu praktizieren. Sein eigentliches Interesse galt jedoch, wie schon in der Kindheit und Jugend und während der Studienjahre, den Künsten. In Straßburg hatte er unter dem Einfluss Johann Gottfried Herders (1744–1803) zu einem eigenen poetischen Ton gefunden, der persönlicher, bekenntnishafter, volkstümlicher war als die bis dahin vorherrschende standardisierte Literatursprache, in der der Dichter vorgefertigte Rollenmuster erfüllte.

In Frankfurt schrieb Goethe Ende 1771 innerhalb weniger Wochen die erste Fassung seines Stücks *Götz von Berlichingen*, das Mitte 1773 in umgearbeiteter Form im Selbstverlag erschien und den Autor sogleich zum bewunderten Mittelpunkt der jungen Literaturbewegung machte, die später den Namen »Sturm und Drang« erhielt. Während Goethe an der Erstfassung des *Götz* arbeitete, beschäftigte ein aufsehenerregender Justizfall die Gemüter. Die Dienstmagd Susanna Margaretha Brandt hatte ihr unehelich geborenes Kind getötet, um »der Schande und des Vorwurfs der Leute zu entgehen« (Verhörprotokoll, zitiert nach Schöne, S. 193). Am 14. Januar 1772 wurde die Vierundzwanzigjährige auf dem Gerichtsplatz nahe der Frankfurter Hauptwache, wenige Schritte von Goethes Elternhaus, öffentlich enthauptet. Goethe war mit dem Prozessverlauf vertraut; Teilabschriften der Vernehmungsprotokolle von der Hand seines Kanzleischreibers haben sich unter den Akten seines Vaters gefunden. Dieser war selbst Jurist und griff seinem Sohn, der seine Anwaltskanzlei sehr nachlässig betrieb, mit Eifer unter die Arme. Mephistopheles' perfider Kommentar in Goethes Drama zum Schicksal Gretchens »Sie ist die erste nicht« (Szene »Trüber Tag. Feld«) geht unmittelbar auf die Vernehmungsprotokolle zurück: Im Verhörprotokoll vom 8. Oktober 1771 heißt es, dass Susanna Margaretha Brandts »Schwestern sie scharf befragt, sie solte es gestehen, wann sie schwanger seye, sie wäre ja nicht die erste und würde auch nicht die letzte seyn« (zitiert nach Schöne, S. 370). Manche Forscher gehen sogar davon aus, dass Goethe den Verhören der Kindesmörderin selbst beigewohnt hat. Sicher beweisen lässt sich das jedoch ebenso wenig wie die Frage,

Johann Wolfgang von Goethe (1749 bis 1832). Bleistiftzeichnung von Georg Friedrich Schmoll aus dem Jahre 1775.

ob Goethe bei der Exekution unter den Zuschauern war. Auffällig ist immerhin, dass Gretchens Schreckensvision ihrer bevorstehenden Hinrichtung (vgl. V. 4587–4595) genau dem Ablauf der Frankfurter Exekution entspricht; und die Verse »Schon zuckt nach jedem Nacken / Die Schärfe, die nach meinem zückt« (V. 4593 f.) deuten auf einen unmittelbaren, schockhaften Eindruck hin, der den Schluss nahelegt, dass Goethe Augenzeuge war.

Goethe stand mit seiner Anteilnahme an dem Schicksal Susanna Margaretha Brandts nicht allein. Kindestötungen kamen im 18. Jahrhundert noch vergleichsweise häufig vor. Die Schuld daran gaben aufgeklärte Zeitgenossen vor allem der Institution der Kirchenbuße, bei der sogenannte gefallene Mädchen vor versammelter Gemeinde öffentlich im »Sünderhemdchen« bloßgestellt wurden. Goethe erwähnt diese Praxis im *Faust* in der Szene »Am Brunnen« (vgl. V. 3568 f.). Während

Angehörigen bessergestellter Familien in der Regel gestattet wurde, sich von solcher Zurschaustellung durch eine Geldbuße freizukaufen, blieb Mädchen aus dem einfachen Volk die öffentliche Erniedrigung nicht erspart. Sie waren anschließend gesellschaftlich geächtet, wurden zumeist auch von ihrer eigenen Familie verstoßen und fanden keine Anstellung mehr, sodass ihnen nur der Weg in die Prostitution blieb. Eben dieses Schicksal sagt im *Faust* Gretchens Bruder Valentin seiner ›gefallenen Schwester‹ voraus, wobei er, bezeichnend für die selbstgerechte Moral der Durchschnittsbevölkerung, das Verhältnis von Ursache und Wirkung umkehrt. Valentin behauptet, dass Gretchens ›Fehltritt‹ nur ihr eigentliches Wesen zum Vorschein gebracht habe: »Du bist doch nun einmal eine Hur; / So sei's auch eben recht.« (V. 3730 f.)

Diese landläufige Auffassung stieß jedoch im Aufklärungszeitalter auf immer stärkeren Widerspruch. Die Grausamkeit der herrschenden Moral wurde betont. Friedrich II. (der Große) schaffte entsprechend 1746 in Preußen die öffentliche Bloßstellung und Kirchenbuße ab. Anderswo hielt sie sich länger – in dem kleinen Herzogtum Sachsen-Weimar-Eisenach, in dem Goethe in seinem ersten Weimarer Jahrzehnt (1775–1786) die meiste Zeit als Mitglied des dreiköpfigen Consiliums (Staatsrats) zu den maßgeblichen politischen Ratgebern des Herrschers gehörte, bis 1786. 1781 sprach sich Goethe in einer amtlichen Stellungnahme für die Beseitigung dieser Strafe aus. 1783 schloss er sich allerdings auch dem Votum seiner beiden Kollegen an, die dem Herzog empfahlen, die Todesstrafe für die Kindesmörderin Johanna Catharina Höhn zu bestätigen. Aus der Einzelfallprüfung hatte sich das Bild ergeben, es mit einem kaltblütigen, auf grausame Weise verübten Mord zu tun zu haben. In anderen Fällen sprach sich das Consilium erfolgreich für die Begnadigung zum Tode verurteilter Kindesmörderinnen aus (vgl. Schöne, S. 198).

Dass Goethe das Schicksal der Frankfurter Kindesmörderin naheging, hatte aber wohl auch ganz persönliche Gründe. Er hatte während der zurückliegenden Straßburger Zeit ein Mädchen geliebt, das seine Liebe erwidert und sich zweifellos Hoffnungen auf eine Heirat gemacht hatte, das er jedoch am Ende verlassen hatte: Im Oktober 1770 hatte er einen Kommilitonen auf einem Ausflug ins Elsass begleitet, der die beiden Studenten ins 30 Kilometer von Straßburg gelegene Dorf Sesenheim (heute Sessenheim) führte. Goethes Begleiter war mit der Frau des Pfarrers verwandt. Zwischen der drittältesten, achtzehnjährigen Tochter des Hauses, Friederike Elisabeth Brion, und dem drei Jahre älteren Goethe entspann sich eine leidenschaftliche Romanze. Goethe hielt sich in den folgenden Monaten mehrfach in Sesenheim auf, etwa an Weihnachten 1770 und in den Osterferien und an Pfingsten des Folgejahrs. Die Liebe zu Friederike inspirierte ihn zu – teils erst Jahrzehnte später gedruckten – Gedichten, die einen ganz neuen Ton inniger persönlicher Empfindung in die deutsche Lyrik einführten (*Willkommen und Abschied*, *Maifest*, *Mit einem gemalten Bande*, *Heidenröslein*). Doch er spürte auch, mit zunehmendem Unbehagen, dass ihm durch die Geständnisse seiner Neigung unausgesprochene Verpflichtungen erwuchsen, vor deren Konsequenzen er zurückscheute. Noch im rückblickenden Bericht der Jahrzehnte später diktierten Autobiographie *Dichtung und Wahrheit* (das elfte und zwölfte Buch entstanden 1812/13) kommt das schlechte Gewissen des innerlich noch ungefestigten jungen Liebhabers zum Ausdruck:

> Solchen Zerstreuungen und Heiterkeiten [gemeint sind Ausflüge ins Elsass im Kreise der Freunde] gab ich mich um so lieber und zwar bis zur Trunkenheit hin, als mich mein leidenschaftliches Verhältnis zu Friedriken nunmehr zu ängstigen anfing. (HA, Band 9, S. 498)

Wie Faust in Goethes Tragödie (vgl. V. 3188–3194) hatte sich Goethe gegenüber Friederike offenbar im Überschwang der Begeisterung über die eigene Verliebtheit zu Liebesschwüren hinreißen lassen, deren Tragweite ihm später unheimlich wurde. Goethe war nicht bereit, sich früh zu binden, sich in überschaubaren Verhältnissen einzurichten und darauf zu verzichten, sich in der Welt zu erproben, die Welt in sich aufzunehmen und sich an die Welt zu verströmen. Diesen intellektuellen Drang ins Weite teilt Goethe mit seiner Figur; das immerfort unbefriedigte Streben bildet das Grundmotiv der *Faust*-Tragödie und stellt zugleich ein Grundmotiv von Goethes Leben dar. Dies bezeugt die berühmte Äußerung des alten Goethe, die in den *Gesprächen mit Eckermann* unter dem Datum des 27. Januar 1824 überliefert ist: »Man hat mich immer als einen vom Glück besonders Begünstigten gepriesen; […]. Allein im Grunde ist es nichts als Mühe und Arbeit gewesen, und ich kann wohl sagen, daß ich in meinen fünf und siebzig Jahren keine vier Wochen eigentliches Behagen gehabt.« (MA, Band 19, S. 75f.)

Anders als Goethe selbst bedrängt Goethes Faust seine Geliebte, ihm eine Liebesnacht zu gewähren, bis sie schließlich nachgibt, da sie sich selbst vor Sehnsucht nach körperlicher Nähe verzehrt. (Im sogenannten *Urfaust*, der frühsten Fassung des Stücks, heißt es in Gretchens Selbstgespräch am Spinnrad »Meine Ruh ist hin« noch sehr direkt: »Mein Schoß, Gott! drängt / Sich nach ihm hin. / Ach dürft ich fassen / Und halten ihn«. Später milderte Goethe die Verse ab: »Mein Busen drängt / Sich nach ihm hin.«) Kurz darauf beginnt Faust Gretchens Nähe zu meiden, sodass sich ihr Schicksal gleichsam hinter den Kulissen erfüllt, bis er kurz vor ihrer Hinrichtung von ihrer Lage erfährt. Auch Goethe fing an, sich von Friederike fernzuhalten, als er vorauszusehen begann, wohin ihn die »schmeichelnde Leidenschaft« führen würde:

Liebe aus der Distanz

Ein angebliches Bildnis Friederike Elisabeth Brions (1752 bis 1813) von unbekannter Hand.

> Wenngleich die Gegenwart Friedrikens mich ängstigte, so wußte ich doch nichts Angenehmeres, als abwesend an sie zu denken [...]. Ich kam seltner hinaus, aber unsere Briefe wechselten desto lebhafter. [...] Die Abwesenheit machte mich frei, und meine ganze Zuneigung blühte erst recht auf durch die Unterhaltung in der Ferne. Ich konnte mich in solchen Augenblicken [...] über die Zukunft verblenden; zerstreut war ich genug durch das Fortrollen der Zeit und dringender Geschäfte. (HA, Band 9, S. 498 f.)

Vordergründig konnte Goethe sein Verhalten mit der Notwendigkeit rechtfertigen, endlich sein Studium zum Abschluss zu bringen. Seine juristische Dissertationsschrift *De legislatoribus* (die nicht erhalten geblieben ist) war wegen allzu ketzerischer Positionen, die darin vertreten wurden, abgelehnt worden. Jedoch bestand an französischen Universitäten die

Möglichkeit, statt einer zusammenhängenden Arbeit Thesen einzureichen und diese vor der Prüfungskommission zu verteidigen. Goethe verfasste 56 Thesen *(Positionis juris)* und wurde nach erfolgreicher Disputation am 6. August 1770 zum *Licentiatus Juris* promoviert. Die vorletzte These lautete: »*An foemina partum recenter editum trucidans capite plectenda sit? Quaestio est inter Doctores controversa.*« (Ob eine Frau, die ein soeben geborenes Kind umbringt, mit dem Tode zu bestrafen sei, ist unter den Fachleuten umstritten.) Am folgenden Tag, dem 7. August, stellte sich Goethe zu einem Abschiedsbesuch in Sesenheim ein. Er blieb bis zum 8. August. Am 9. August verließ er Straßburg und kehrte, mit Schuldgefühlen beladen, nach Frankfurt zurück.

Man darf eine Dichtung wie *Faust* nicht auf ein Mittel zur literarischen Aufarbeitung von Schuldgefühlen reduzieren. Aber man sollte, trotz des weit ausgreifenden Anspruchs und Bedeutungsgehalts, der Goethes Hauptwerk im Laufe der

---

Die Antwort Friedrikens auf einen schriftlichen Abschied zerriß mir das Herz. Es war dieselbe Hand, derselbe Sinn, dasselbe Gefühl, die sich zu mir, die sich an mir herangebildet hatten. Ich fühlte nun erst den Verlust, den sie erlitt, und sah keine Möglichkeit ihn zu ersetzen, ja nur ihn zu lindern. Sie war mir ganz gegenwärtig; stets empfand ich, daß sie mir fehlte, und, was das Schlimmste war, ich konnte mir mein eignes Unglück nicht verzeihen. [...] hier war ich zum erstenmal schuldig; ich hatte das schönste Herz in seinem Tiefsten verwundet, und so war die Epoche einer düsteren Reue, bei dem Mangel einer gewohnten erquicklichen Liebe, höchst peinlich, ja unerträglich.

Johann Wolfgang von Goethe im Anfang 1813 entstandenen zwölften Buch seiner Autobiographie »Aus meinem Leben Dichtung und Wahrheit« (HA, Band 9, S. 520)

sich auf fast sechzig Jahre erstreckenden Arbeitsphasen an beiden Teilen der Tragödie zugewachsen ist, auch nicht den persönlichen Erlebnisgehalt des Stücks übersehen. Goethe selbst hat in *Dichtung und Wahrheit* mit einer oft zitierten Äußerung auf den bekenntnishaften Grundimpuls seines Schreibens hingewiesen. In Bezug auf seine frühsten Gedichtversuche erklärt er dort:

Und so begann diejenige Richtung, von der ich mein ganzes Leben über nicht abweichen konnte, nämlich dasjenige, was mich erfreute oder quälte, oder sonst beschäftigte, in ein Bild, ein Gedicht zu verwandeln und darüber mit mir selbst abzuschließen, um sowohl meine Begriffe von den äußeren Dingen zu berichtigen, als mich im Innern deshalb zu beruhigen. Die Gabe hierzu war wohl niemand nötiger als mir, den seine Natur immerfort aus einem Extreme in das andere warf. Alles, was daher von mir bekannt geworden, sind nur Bruchstücke einer großen Konfession […]. (HA, Band 9, S. 283)

Die Figur des Gelehrten und Teufelsbündners Faust geht ebenso wenig in der Person des Autors auf, wie Gretchen ein Porträt von Friederike Brion ist. Aber Goethes Faust wäre sicher ein anderer geworden, wenn Goethe ein anderer gewesen wäre; und Goethes Verstrickung in Schuldgefühle durch seine Liebesbeziehung mit Friederike Brion bildete zweifellos die Voraussetzung für seine in ihrer Erlebnisintensität tief berührende Gestaltung von Gretchens Schicksal.

Selbst zu Mephistopheles, der dritten Hauptfigur des ersten Teils des *Faust*, führen Spuren von Goethes Biographie. Zwischen 1772 und 1775, während der Frankfurter Jahre vor dem Weggang nach Weimar, war der Jurist und Kritiker Johann

Goethes mephistophelischer Freund Merck

Heinrich Merck (ab 1774 Kriegsrat am Darmstädter Hof) Goethes engster Freund. Über ihn schreibt Goethe im zwölften Buch von *Dichtung und Wahrheit*, durch seine »beißende[n] Züge« sei er vielen unangenehm gewesen. »Er war lang und hager von Gestalt, eine hervordringende spitze Nase zeichnete sich aus, hellblaue, vielleicht graue Augen gaben seinem Blick, der aufmerksam hin und wider ging, etwas Tigerartiges.« In seinem Charakter habe ein seltsames »Mißverhältnis« gelegen: »von Natur ein braver, edler, zuverlässiger Mann, hatte er sich gegen die Welt erbittert, und ließ diesen grillenkranken Zug dergestalt in sich walten, daß er eine unüberwindliche Neigung fühlte, vorsätzlich ein Schalk, ja ein Schelm zu sein.« Er jedoch, Goethe, habe eine starke Neigung verspürt, »mit ihm zu leben«, wie man ja überhaupt »gern mit etwas Gefährlichem« umgehe, »wenn man selber davor sicher zu sein glaubt«. Seine poetischen Produkte – denn Merck dichtete auch – seien zumeist zwar außerordentlich scharfsinnig und originell gewesen, dabei jedoch so derb, satirisch und oft persönlich verletzend, dass man sie nicht habe veröffentlichen können. »Daß er […] bei allen seinen Arbeiten verneinend und zerstörend zu Werke ging, war ihm selbst unangenehm« (HA, Band 9, S. 506).

In *Faust I* lässt Goethe den HERRN zu Mephistopheles sagen, er, »der Schalk«, sei ihm unter »allen Geistern, die verneinen«, am liebsten (V. 338 f.). Mephistopheles selbst erklärt, »Zerstörung« sei sein »eigentliches Element« (V. 1343 f.); und Gretchen vertraut Faust an, wie sehr sie sich von »des Menschen widrig Gesicht« (V. 3475) abgestoßen fühlt. Der Vergleich solcher Stellen zeigt, dass Goethe, als er im Frühjahr 1813 die Persönlichkeit des damals schon längst verstorbenen Freundes schilderte, den Leser bewusst an seine Mephistopheles-Figur erinnern wollte, für die Merck offenbar in vielen Zügen Pate gestanden hatte.

Johann Heinrich Merck (1741 bis 1791). Porträt des Darmstädter Hofmalers Johann Ludwig Strecker (1721 bis 1799). Öl auf Leinwand, 1772.

2 Zeitgeschichtlicher Hintergrund

Die Figur des Faust geht auf eine historische, legendenumwobene Gestalt zurück. Leben und Taten dieses Mannes wurden bald nach seinem Tod zum Gegenstand populärer Erzählungen und Bühnenbearbeitungen. Sie gingen mit der Zeit gewissermaßen in die volkstümliche Überlieferung ein und hielten sich so bis in Goethes Zeit. Für die junge Autorengeneration des Sturm und Drang, die sich für kernige Typen aus der deutschen Vergangenheit begeisterte – Goethe hatte es mit seinem *Götz von Berlichingen* vorgemacht, dessen stoffliche Basis die eigenhändige Lebensbeschreibung eines fränkischen Reichsritters der ersten Hälfte des 16. Jahrhunderts war – und deren derbe Natürlichkeit und Willenskraft gegen die vorherrschende, aus Frankreich übernommene, überfeinerte Rokoko-Kultur ausspielte, war Faust eine Identifikationsfigur.

So veröffentlichte etwa Friedrich Müller, der »Maler Müller« (1749–1825), 1776 eine *Situation aus Faust's Leben*, in der er bekannte, Faust sei immer einer seiner Lieblingshelden gewesen, »weil ich ihn gleich für einen großen Kerl nahm, der alle seine Kraft gefühlt [...] und [...] Mut genug hatte, alles niederzuwerfen, was ihm in Weg trat« (zitiert nach Schmidt, S. 30). Ein solcher Teufelskerl war ganz nach dem Geschmack der aufbegehrenden Jugend.

So viel Bewunderung hat Faust jedoch erst spät, unter deutlich veränderten Zeitumständen, auf sich gezogen. Zu Beginn seines Nachlebens in der Literatur diente er vielmehr als abschreckendes Beispiel eines vom rechten christlichen Weg abgekommenen Menschen.

Der historische Georgius Faustus

Über den historischen Faust ist vergleichsweise wenig bekannt. Geboren wurde er zwischen 1460 und 1470, im Ausgang des Mittelalters. Sein Geburtsort ist wohl Knittlingen bei Maulbronn in Württemberg. Er nannte sich Faustus, was jedoch nicht sein Familienname, sondern ein lateinischer Gelehrtenname (mit der Bedeutung »der Glückliche«) war. Solche Gelehrtennamen waren im Zeitalter des Humanismus und der Reformation weit verbreitet. In den 1480er-Jahren studierte er an der Universität Heidelberg. Anschließend nahm er ein ruheloses Wanderleben auf und bot seine gelehrten Dienste feil, vermutlich in erster Linie als Astrologe. Franz von Sickingen und der Bischof von Bamberg (die beide zum Personal von Goethes *Götz* gehören) zählten zu seinen Kunden. Obwohl die Astrologie damals noch als seriöse Wissenschaft galt, geriet Faustus mit der Zeit in den Ruf, ein Scharlatan zu sein. Er mied die Begegnung mit renommierten Kollegen und wurde wiederholt als verdächtiges Subjekt verjagt. Zwischen 1536 und 1539 ist er vermutlich gestorben.

Die wenigen zuverlässigen Informationen, die über sein Leben bekannt sind, sprechen eher dagegen, dass Georgius Faustus bereits zu Lebzeiten sehr berühmt beziehungsweise berüchtigt war. Jedoch wird er bereits 1535 und 1537 von Martin Luther in dessen Tischreden als Teufelsbündner erwähnt. Diese Gerüchte beflügelten die Phantasie der Zeitgenossen, für die – allen voran für Luther selbst – der Teufel noch eine reale, allgegenwärtige Macht war. Auch Zauberei galt nicht, wie heute, als platter oder geschickter Betrug, sondern als eine unheimliche Fähigkeit von Menschen, die sich mit dem Teufel eingelassen hatten und nun Verfügungsmöglichkeiten über Mensch und Natur besaßen, die eigentlich Gott allein vorbehalten waren. Neben Luther nahm auch Melanchthon, die andere geistige Autorität der Reformationszeit, von dem Magier Faustus Notiz. Er wusste zu berichten, Faustus sei von einem schwarzen Hund begleitet worden, in dem sich der Teufel versteckt habe. Mitte des Jahrhunderts tauchte in einer Chronik die Information auf, Faustus sei in dem Städtchen Staufen bei Freiburg vom Teufel erwürgt worden.

Das »Faustbuch« von 1587

Immer mehr Legenden und Anekdoten rankten sich um die Gestalt des dubiosen Astrologen. Aus ihnen formte schließlich ein unbekannter Verfasser ein *Faustbuch*, das 1587 in Frankfurt erschien. Es diente in erster Linie als protestantische Warnschrift vor der allgegenwärtigen Gefährdung des Menschen durch den Teufel und war angereichert durch Episoden und Motive aus dem breiten zeitgenössischen Schrifttum zum Teufelswesen, zu Dämonen und Hexerei, aus populären Schwanksammlungen und aus Werken über die Natur, über ferne Gegenden der Erde und das Weltall, die Fausts angebliche Abenteuerfahrten anschaulich machen sollten. Da der Mensch nach Luthers Auffassung von Natur aus schlecht ist und sich auch nicht aus eigener Kraft aus diesem Zustand herausarbeiten kann, liegt sein Heil allein im Glauben (»sola fide«) an Gott und dessen Gnade. Wem dieser demütige Glaube fehlt, der ist rettungslos verloren. Daher hat der Faust des »Volksbuchs« (eine Bezeichnung, die Joseph Görres Anfang des 19. Jahrhunderts mit seiner Sammlung *Die teutschen Volksbücher* eingeführt und die sich seither gehalten hat) keine Möglichkeit, mit dem Teufel um sein Heil zu ringen. Am Ende seiner Weltfahrt steht unweigerlich die Fahrt zur Hölle.

Nach der theologischen Konzeption des frühen Protestantismus überliefert sich der Mensch der Hölle, wenn er ebenso wie einst Luzifer, der Engel des Lichts, Gott ebenbürtig und nicht mehr von ihm abhängig sein will. Aufgrund dieser Ursünde der »superbia« – des Hochmuts oder, mit einem älteren Wort, der »Hoffart« (Hochfahrt) – wurden Luzifer und weitere Engel, die seine Gesinnung teilten, Teufel, als Gott sie in die Hölle herabstürzte. Der Mensch muss aus diesem Beispiel lernen. Er muss seine Grenzen kennen.

Die christliche Forderung, sich keine Göttlichkeit anzumaßen, weil man sonst der Hölle verfalle, ließ einen Schatten der Angst auf alle Bemühungen fallen, das Kräfteverhältnis zwischen Mensch und Natur zugunsten des Menschen zu verschieben. Der eingeborene Drang des Menschen, sich aus eigener Kraft zu behaupten, jede Form von geistiger Emanzipation und wissenschaftlichem Fortschritt geriet unter den Generalverdacht der »superbia«, der Auflehnung gegen Gott. Die Epoche war gleichwohl geprägt durch die Entdeckung neuer Kontinente (Nord- und Südamerika sowie Indien), durch die Umsegelung, Vermessung und Kartographierung der Welt, durch die Widerlegung des alten, geozentrischen Weltbilds und durch das Eindringen in die Funktionsweise des menschlichen Körpers (aufgrund systematischen Sezierens von Leichen). Verlor, wer zu viel Wissensdrang an den

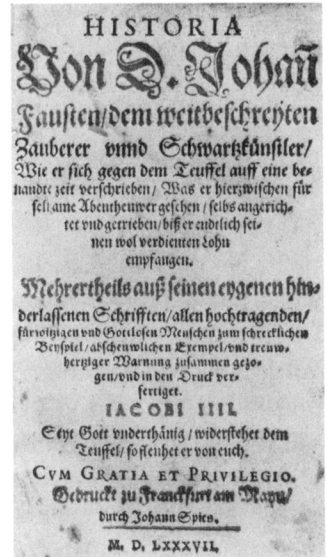

Titelseite des in Frankfurt am Main im Verlag von Johann Spies erschienenen »Faustbuchs« von 1587: »Historia von D. Johann Fausten«.

Tag legte, wer zu tief in die Geheimnisse der Schöpfung eindrang, sein Seelenheil? An der Figur des Teufelsbündners Faust kristallisierten sich solche Fragen und Ängste; und der Verfasser des *Faustbuchs* beantwortete sie auf eindeutige Weise: Faust hat sich von Gott abgewandt und bezahlt dies mit Verzweiflung im Diesseits und Verdammung im Jenseits.

Christopher Marlowes »Doctor Faustus«-Drama

Das *Faustbuch* war nicht nur in Deutschland – mit 19 Auflagen zwischen 1587 und 1598 – auf Anhieb ein großer Erfolg. Es fand auch im europäischen Ausland rasch sein Publikum. 1592 erschien in London eine englische Übersetzung. Wohl noch im selben Jahr verfasste der englische Renaissancedramatiker Christopher Marlowe (1564–1593) sein Drama *The Tragicall History of the Life and Death of Doctor Faustus*, das fortan den Ausgangspunkt für die zweite bedeutende Überlieferungstradition des Stoffs bildete. Das Stück setzte sich schnell durch und fand schon um 1600 den Weg zurück nach Deutschland, wo es in den beiden folgenden Jahrhunderten, zunächst vorwiegend als Theaterstück, später mehr und mehr als Puppenspiel, zum festen Repertoire der Wanderbühnen gehörte. Dass es von Marlowe stammte, geriet dabei bald in Vergessenheit. Erst Jahre nach dem Erscheinen von Goethes *Faust I* (1808) wurde das Drama in England wiederentdeckt und neu aufgelegt. Auf dieser Neuausgabe beruhte die erste deutsche Übersetzung durch Wilhelm Müller (den Dichter der von Franz Schubert vertonten Liederzyklen *Die schöne Müllerin* und *Winterreise*), die 1818 erschien und die Goethe noch im selben Jahr las. Aller Wahrscheinlichkeit nach war das seine erste direkte Begegnung mit dem Drama von Marlowe, dessen Inhalt und Gestaltungstendenz er bis dahin nur aus der vermeintlich volkstümlichen deutschen Überlieferung der »bedeutende[n] Puppenspielfabel« kannte, die seit seiner Kindheit »gar vieltönig in mir wider« »klang und summte«, wie es in *Dichtung und Wahrheit* heißt (HA, Band 9, S. 413).

Am auffälligsten an Marlowes Gestaltung des Faust-Stoffs ist die Neubewertung der Hauptfigur. Anders als im Volksbuch, in dem Faust als ein verzweifelter Sünder vorgeführt wird, ist Faust bei Marlowe ein selbstbewusster, erfolgs- und machthungriger Renaissancemensch, der keine Skrupel und Seelenqualen kennt und von einem unersättlichen Verlangen nach Wissen und Genuss getrieben ist. Dem Teufel tritt er ohne Furcht und sogar mit einem gewissen Maß an verächtlicher Arroganz entgegen, die Aussicht auf die Hölle schreckt ihn nicht. Marlowe scheint stark mit dieser herausfordernden Haltung zu sympathisieren, auch wenn er sie Faust nicht bis zum Ende durchhalten lässt. Zuletzt bekommt dieser es doch mit der Angst zu tun, was ihm aber nun auch nichts mehr nützt, weil er der Hölle nicht entrinnen kann.

Dieser Schluss wirkt jedoch eher wie eine lustlose Konzession gegenüber den weltlichen und geistlichen Autoritäten der Zeit, die es dem Dichter wohl nicht einfach hätten durchgehen lassen, wenn sein Protagonist ungeschoren davongekommen wäre.

Goethes Umgang mit der Stofftradition

Marlowes lebenshungriger ›Übermensch‹ steht Goethes Faust viel näher als der sündige Protagonist des *Faustbuchs*. Marlowes Faust empfindet nur Verachtung gegenüber aller Schulgelehrsamkeit und bringt dies zu Beginn der Studierzimmerszene I, 1 in einem Selbstgespräch zum Ausdruck, das frappierend an Fausts Eingangsmonolog bei Goethe erinnert. Auch in der Konzeption weiterer Hauptfiguren – Mephistopheles sowie Helena (in *Faust II*) – ist der durch die Puppenspielfabel vermittelte Einfluss von Marlowes Drama auf Goethes Dichtung spürbar.

Aber Goethe griff auch auf die vom *Faustbuch* ausgehende Stofftradition zurück. Dieses erfuhr aufgrund seiner großen Popularität zahlreiche Neubearbeitungen und Umformungen. Bereits ein Jahr nach der Erstausgabe erschien in Tübingen eine Reimfassung (1588). Ein Buch von 1593 rückte Fausts Famulus Wagner ins Zentrum. Auch diese »Seitenwucherung« (Schmidt, S. 28) wurde in Deutschland und im Ausland ein Erfolg. 1599 kam Georg Rudolph Widmanns in die Länge gezogene und moralisierende Bearbeitung des Volksbuchs heraus, die wiederum die Grundlage für Johann Nikolaus Pfitzers 75 Jahre später erschienene Fassung bildet (*Das ärgerliche Leben und schreckliche Ende deß vielberüchtigten Ertz-Schwartzkünstlers Johannis Fausti*, Nürnberg 1674). Goethe entlieh Pfitzers Buch im Frühjahr 1801 aus der Weimarer Bibliothek und verwendete es, als er sich daran machte, die »große[ ] Lücke« zu füllen (Brief an Schiller vom 3. April 1801), die zu diesem

Zeitpunkt noch zwischen Fausts Abkehr von der Wissenschaft und der Gretchenhandlung klaffte. So geht allein Pfitzer von allen Quellen auf das dämonische Wesen des Hundes ein, in dessen Gestalt Mephistopheles seinen ersten Auftritt hat; und Goethe folgt in Fausts Beschwörung des unheimlichen Tiers und in der Selbstvorstellung des Teufels bis in wörtliche Anklänge hinein Pfitzers Darstellung. Auch der Verlauf der Szene »Auerbachs Keller in Leipzig« ist bei Pfitzer vorgezeichnet, der zudem von einer alten Hexe zu berichten weiß, die einen Liebestrank bereiten kann (woraus Goethe in der Szene »Hexenküche« einen Verjüngungstrank machte). Schon Pfitzers Mephistopheles rät Faust, Feldarbeit zu verrichten (vgl. »Hexenküche«, V. 2351–2361), was dieser dort ebenso wie bei Goethe von sich weist. Zudem erwähnt Pfitzer Fausts tragisch endende Liebe »zu einer ziemlich schönen doch armen Dirne« und erzählt von einem Studenten, der sich durch Geschenke die Gunst eines Mädchens – hinter dem Rücken der Mutter – erwirbt, ihr ein Kind macht und sie anschließend verlässt. Sie tötet ihr Kind und wird dafür hingerichtet. Die Episode könnte Goethe angeregt haben, das Schicksal der Frankfurter Kindesmörderin Susanna Margaretha Brandt (und seine eigenen Schuldgefühle gegenüber Friederike Brion) in seinem *Faust*-Drama aufzugreifen. Diese Vermutung setzt allerdings voraus, dass ihm Pfitzers Faustbuch schon in den 1770er-Jahren bekannt war, als er den *Urfaust* schrieb. Das ist gut denkbar. Dafür spricht etwa Mephistopheles' sarkastischer Bericht vom Ende Herrn Schwerdtleins, der ebenfalls auf Pfitzer zurückzugehen scheint und sich bereits im *Urfaust* findet; zudem bildete Pfitzers Hinweis auf das Buch Hiob eine wichtige Anregung für den »Prolog im Himmel«, der vor 1801 entstand.

Andere stoffliche Elemente konnte Goethe den verschiedensten Faust-Überlieferungen entnehmen, so Fausts Hang zur Magie und sein Wirken als Arzt, der mit dubiosen Arzneien experimentiert (vgl. V. 981–1055). Manche wichtige Motive der Tradition finden sich in verwandelter, sublimierter (verborgener und verfeinerter) Form in Goethes Drama wieder. So greift er die Flugversuche Fausts und seine Fahrt zu den Gestirnen, die in der Tradition Ausdruck der »superbia« sind, in »einer intensiven Flugmetaphorik« auf, die nun Fausts »Sehnsucht nach Erhebung über alles Irdisch-Beschränkte« (Schmidt, S. 31) veranschaulicht (vgl. etwa V. 1068–1099).

Problemlagen des 18. Jahrhunderts in »Faust I«

Zu Beginn dieses Abschnitts zum zeitgeschichtlichen Hintergrund des *Faust* ist bereits deutlich geworden, dass Goethes Interesse für den Faust-Stoff typisch für eine ganze Generation ist. Die jungen Autoren des Sturm und Drang betrachteten Fausts Maßlosigkeit und Seelenqual als Gegenentwurf zum überfeinerten Spiel gezähmter Leidenschaften, das die französische höfische Kultur hervorgebracht hatte, die in der zweiten Hälfte des 18. Jahrhunderts – nicht zuletzt durch die entschiedene Parteinahme Friedrichs des Großen für alles Französische – in Deutschland immer stärker als Leitkultur diente. So ist schon die Wahl des Stoffs Ausdruck zeitgenössischer Auseinandersetzungen. Aber auch in dessen Gestaltung zeigt sich, dass Goethes *Faust*, bei aller altdeutschen Stilisierung, aktuelle Problemlagen aus der Zeit der Entstehung des Dramas aufgreift.

Zeittypisch ist gleich zu Beginn der Überdruss des Gelehrten an einer immer stärker in Spezialdisziplinen zerfallenden Wissenschaft, die den Drang nach einer Gesamtschau der Welt unbefriedigt lässt. Zeittypisch sind ebenfalls die vorgeführten Reaktionsbildungen, allen voran die sentimentalische (vom Gefühl unwiederbringlichen Verlusts getragene) Aufwertung der Natur in der Nachfolge des Rousseau'schen Naturkults (vgl. V. 414–418, 423 f., 438, 441 und 455–459).

Schwärmerischer Eskapismus und radikale Aufklärung

Ein Krisensymptom des zunehmenden Verlusts an Unmittelbarkeit ist auch der Hunger nach authentischen Erfahrungen, wie er in Fausts Liebe zu Gretchen zum Ausdruck kommt.

Die dritte Reaktionsbildung ist die für die Generation des Sturm und Drang kennzeichnende Wende hin zum Irrationalen, der Versuch, Zugang zur Tiefe der menschlichen Psyche und, allgemeiner, zum Wesen der Welt zu erhalten, indem man die kalte Verstandeskultur der Aufklärung hinter sich ließ und auf Subjektivität und Intuition setzte. Fausts Geisterbeschwörungen stehen für diese Tendenz; und die Erscheinung des Erdgeists fasst die drei genannten Reaktionsbildungen – Sehnsucht nach der Natur und nach elementarem Erleben sowie Offenheit gegenüber irrationalen Formen der Erkenntnis – in sich zusammen.

Veranschaulicht Faust in vieler Hinsicht das eskapistische Lebensgefühl der Stürmer und Dränger und ihre gegen die Grenzen, die die Gesellschaft dem Einzelnen auferlegt, gerichtete Bereitschaft zu Normbrüchen und Grenzüberschreitungen, so argumentiert sein Widerpart Mephistopheles aus dem Geist der materialistischen Seitenströmung der französischen Aufklärung, wie sie etwa von dem Arzt und Philosophen Julien Offray de La Mettrie (1709–1751), der seine letzten Lebensjahre als Leibarzt und Vorleser Friedrichs des Großen in Potsdam verbrachte, in seinem Hauptwerk *L'homme machine* (1747) vertreten wurde. Mit zynischem Amoralismus reduziert Mephistopheles den Menschen auf seine Körperfunktionen und Triebwünsche. Er entlarvt so immer wieder Fausts oft übertriebene schwärmerische Exaltiertheit als aufgesetzte Pose, verfehlt aber doch auch den idealistischen Zug in Fausts Persönlichkeit, was schließlich dazu führt, dass er am Ende von *Faust II* die Wette gegen ihn verliert.

Fausts loyaler wie selbstgefälliger (vgl. etwa V. 1056–1063) Famulus Wagner steht als durchaus beschränkter Kopf für den Typus des Philisters, für den die Stürmer und Dränger nur Verachtung übrighatten. Er setzt ganz auf Regelkunde und äußeren Effekt. Faust argumentiert dagegen im Sinne der jungen Dichtergeneration, es komme, um die Herzen der Zuhörer zu erreichen, allein darauf an, dass man selbst aus vollem Herzen spreche (vgl. V. 523–557).

In der Gestalt Gretchens schließlich hat, so Jochen Schmidt, »die Hinwendung des Sturm und Drang, namentlich Herders und Goethes, zum Volkstümlich-Natürlichen, zum Schlichten, gefühlshaft Innigen Gestalt gewonnen« (Schmidt, S. 41).

3 Entstehungsgeschichte

Die Arbeit an *Faust I* zog sich über mehr als drei Jahrzehnte hin. Erste Szenen arbeitete Goethe vermutlich im Jahre 1773 aus. Abgeschlossen wurde das Stück 1806. Diese überaus lange Entstehungszeit erklärt sich durch Goethes zahlreiche Amtspflichten als Minister des Herzogtums Sachsen-Weimar-Eisenach (vor allem während des ersten Weimarer Jahrzehnts zwischen 1775 und 1786), durch die Arbeit an anderen Werken (etwa den Dramen *Torquato Tasso* und *Iphigenie auf Tauris* sowie dem Roman *Wilhelm Meisters Lehrjahre*, die jeweils auch erst nach mehrfachen Anläufen und Umarbeitungsphasen fertig wurden) und durch seine vielfältigen Liebhabereien und (besonders naturwissenschaftlichen) Interessen. Sie verweist aber auch auf den herausgehobenen Stellenwert, den das Projekt für Goethe hatte. Die Scheu, hier etwas zu verderben, ließ ihn immer wieder auf andere Arbeiten ausweichen.

Faust I entstand, etwas vereinfachend gesprochen, in drei Arbeitsphasen, die jeweils durch eine eigene Textstufe dokumentiert sind: den sogenannten *Urfaust*, der vermutlich 1775 als Handschrift vorlag; die fragmentarische Fassung, die Goethe für die vom Leipziger Verleger Göschen veranstaltete achtbändige Werkausgabe *Goethe's Schriften* herstellte und die 1790 unter dem Titel *Faust. Ein Fragment* erschien; und das abgeschlossene Werk *Faust. Eine Tragödie*, das 1808 als Band 8 der bei Cotta in Tübingen erscheinenden dreizehnbändigen Ausgabe *Goethe's Werke* sowie als Einzelband herauskam.

Der »Urfaust«

Die früheste Erwähnung des *Faust* findet sich in einem Brief von Friedrich Wilhelm Gotter (1746–1797). Goethe kannte ihn aus seiner Zeit als Rechtspraktikant am Reichskammergericht in Wetzlar (Mai bis September 1772), die er in seinem Briefroman *Die Leiden des jungen Werthers* verarbeitete, der ihn bald nach seinem Erscheinen (1774) zu einer europäischen Berühmtheit machte. Im Sommer 1773 dankte Gotter für die Zusendung des *Götz von Berlichingen*, dem ein launiges Gedicht in Knittelversen beigefügt war, mit einem ebensolchen Briefgedicht im übermütigen Genie-Ton der Zeit, das mit den Zeilen schloss: »Schick' mir dafür den ›Doktor Faust‹, / Sobald Dein Kopf ihn ausgebraust!« (HA, Band 3, S. 423)

Gut ein Jahr später, im Oktober 1774, notierte der Jurist und Schriftsteller Heinrich Christian Boie (1744–1806), der als Herausgeber mehrerer literarischer Zeitschriften (etwa des Göttinger *Musenalmanachs* und des *Deutschen Museums*) eine wichtige Stellung im zeitgenössischen Literaturbetrieb innehatte, nach einem Besuch bei Goethe ergriffen in sein Tagebuch:

> Einen ganzen Tag allein, ungestört mit Goethen zugebracht, mit Goethen, dessen Herz so groß und edel wie sein Geist ist! […] Er hat mir viel vorlesen müssen, ganz und Fragment, und in allem ist der originale Ton, eigne Kraft, […] alles mit dem Stempel des Genies geprägt. Sein »Doktor Faust« ist fast fertig und scheint mir das Größte und Eigentümlichste von allem. (HA, Band 3, S. 423)

Als Goethe wiederum ein Jahr später, im November 1775, dem Ruf des jungen Herzogs Carl August (1757–1828) nach Weimar folgte, hatte er unter anderem den *Faust* im Gepäck, an dem er zu dieser Zeit (parallel zum Schauspiel *Egmont*) weiterarbeitete; das zeigt ein kurz vor der Abreise geschriebener Brief an Johann Heinrich Merck, in dem es heißt: »Ich bin leidlich. Hab am ›Faust‹ viel geschrieben.« (HA, Band 3, S. 424)

Schon Anfang Dezember 1776 las Goethe in Anwesenheit der fürstlichen Familie Szenen aus dem *Faust* vor und erzeugte große Ergriffenheit. Bei dieser oder einer späteren Gelegenheit lieh sich Louise von Göchhausen (1752–1807), die als Gesellschafterin zum Hof gehörte, die Handschrift von Goethe aus und fertigte eine Kopie an. Diese Abschrift entdeckte der Germanist Erich Schmidt 1887, also mehr als 100 Jahre später, im Nachlass der Hofdame. Goethes eigenes Manuskript ist verschollen. Schmidt veröffentlichte die frühe Fassung unter dem Namen *Urfaust*, der sich – gegen manche Einwände der neueren Forschung – bis heute gehalten hat.

Der *Urfaust* atmet noch ganz den Geist des Sturm und Drang. Er ist in Inhalt und Ausdruck volkstümlicher, direkter und emotionsgeladener als die späteren Fassungen. Die Gretchenhandlung ist schon fast vollständig vorhanden; lediglich die Szenen »Wald und Höhle« und »Walpurgisnacht« fehlen noch, die für die Entfaltung des Geschehens ohne entscheidende Bedeutung sind. Die Gelehrtenhandlung, die das Stück eröffnet, bricht dagegen nach dem nächtlichen Gespräch Fausts mit seinem Famulus Wagner ab. Im nächsten Moment steht bereits Mephistopheles (»im Schlafrock, eine große Perücke auf«; vgl. HA, Band 3, S. 374) auf der Bühne und gibt dem Studienanfänger seine zynische Studienberatung. Danach schließt sich, wie in *Faust I*, mit der Szene »Auerbachs Keller in Leipzig« der Aufbruch zur ›kleinen Weltfahrt‹ an;

so nennt die Forschung Fausts Abenteuer in *Faust I* in Abgrenzung zur ›großen Weltfahrt‹, deren wichtigste Stationen den zweiten Teil der Tragödie bilden.

Im *Urfaust* fehlen demnach noch entscheidende Stationen der Handlung: Fausts Entschluss zum Selbstmord, seine ›Rettung‹ durch das Ostergeläut, der Osterspaziergang (»Vor dem Tor«) und die Einführung von Mephistopheles in die Handlung sowie die Wette zwischen ihm und Faust (»Studierzimmer I und II«).

»Faust. Ein Fragment« (1790)

Anfang September 1786, kurz nach seinem 37. Geburtstag, reiste Goethe vom böhmischen Kurort Karlsbad aus nach Italien. Diese Abreise kam, nach Jahren aufreibender Amtsgeschäfte, einer Flucht gleich. Nur der Herzog war informiert. Im Süden suchte Goethe die sinnliche Begegnung mit den Überresten der Antike und lebte ganz dem Zweck, sich als Künstler neu zu finden. Erst knapp zwei Jahre später, im Juni 1788, kehrte er nach Weimar zurück, wo er nach einer gewissen Übergangszeit nur noch mit administrativen Aufgaben im künstlerischen (in erster Linie mit der Leitung des Weimarer Theaters) und wissenschaftlichen Bereich (etwa mit der Aufsicht über die Landesuniversität in Jena) betraut war. In Italien hatte er die ›klassischen‹ Dramen *Iphigenie auf Tauris* und *Torquato Tasso* abgeschlossen, den *Faust* jedoch nur um eine Szene (»Hexenküche«) erweitert. »An ›Faust‹ gehe ich ganz zuletzt, wenn ich alles andre hinter mir habe«, hatte er dem herzoglichen Freund Carl August am 8. Dezember 1787 aus Rom geschrieben, die Mitteilung aber bereits mit dem Zusatz versehen: »Um das Stück zu vollenden, werd' ich mich sonderbar zusammennehmen müssen.« (HA, Band 3, S. 425) Das gelang nicht, zumindest in diesem Anlauf noch nicht. Bereits über ein Jahr zurück in Weimar, kündigte Goethe Carl

Goethe. Kreidezeichnung des Schweizer Künstlers Johann Heinrich Lips (1758 bis 1817) von 1791. 1789 war Lips auf Goethes Initiative hin an die Zeichenakademie zu Weimar berufen worden.

August mit Blick auf die im Entstehen begriffene Ausgabe seiner *Schriften* an: »›Faust‹ will ich als Fragment geben, aus mehr als einer Ursache.« (Brief vom 5. Juli 1789; HA, Band 3, S. 426) Am 5. November meldete er dem Herzog: »Ich bin wohl und fleißig gewesen. ›Faust‹ ist fragmentiert, das heißt, in seiner Art für diesmal abgetan.« (HA, Band 3, S. 426)

Faust. Ein Fragment, das 1790 den siebten Band von *Goethe's Schriften* bildete, enthält neben manchen kleineren Textveränderungen die neuen Szenen »Hexenküche« und »Wald und Höhle«. Eine kleine Szene »Landstraße« von lediglich vier Versen mit einem kurzen Dialog zwischen Faust und Mephistopheles, die im *Urfaust* den Übergang zwischen der Szene »Auerbachs Keller« und der Gretchenhandlung bildete, fiel fort. Die größte Änderung betraf den Schluss: *Faust. Ein Fragment* endete mit der Szene »Dom«. Als Grund hierfür ist immer wieder vorgebracht worden, Goethe habe die emotional aufwühlenden Schlussszenen nicht mehr in Einklang mit den ästhetischen Grundsätzen bringen können, die sich in Italien in ihm gebildet hatten – innere Ausgewogenheit des Kunstwerks, sprachliche Glättung und Dämpfung der Emotionen, Ausweitung des Problemgehalts ins Allgemeinmenschliche – und die die spätere Phase der sogenannten Weimarer Klassik vorbereiteten. Sie gemäß diesen neuen künstlerischen Überzeugungen umzuformen, sei ihm erst später gelungen. Diese These hat viel für sich. Sie wird durch Hinweise gestützt, die Goethe später in einem Brief an Friedrich Schiller mit Blick auf die unterdrückten Schlussszenen der Tragödie gab:

> Einige tragische Szenen waren in Prosa geschrieben, sie sind durch ihre Natürlichkeit und Stärke in Verhältnis gegen das andere ganz unerträglich. Ich suche sie deswegen gegenwärtig in Reime zu bringen, da denn die Idee wie durch einen Flor durchscheint, die unmittelbare Wirkung des ungeheuern Stoffes aber gedämpft wird. (Brief vom 5. Mai 1798; HA, Band 3, S. 430)

»Faust. Eine Tragödie« (1808)

Der zehn Jahre jüngere Schiller lebte seit 1787 im Herzogtum. Erst im Sommer 1794 kamen sich die beiden berühmten Schriftsteller näher, die zuvor manche Vorbehalte gegeneinander gehegt hatten. Dann aber schlossen sie rasch ein enges partnerschaftliches Arbeitsbündnis, bei dem der chronisch kranke Schiller meist die treibende Kraft war und das erst mit Schillers Tod im Jahre 1805 endete. An der Fertigstellung nicht nur des *Wilhelm Meister*-Romans (1795/96), sondern auch des *Faust*, hatte Schiller wesentlichen Anteil. Bereits Ende November 1794, auf Goethes Ankündigung hin, ihm demnächst die Anfänge seines ungedruckten Romans zu schicken, schrieb er: »Aber mit nicht weniger Verlangen würde ich die

Bruchstücke von Ihrem ›Faust‹, die noch nicht gedruckt sind, lesen; denn ich gestehe Ihnen, daß mir das, was ich von diesem Stücke gelesen, der Torso [unvollendeter oder unvollständig erhaltener Teil einer Statue, meist das Rumpfstück] des Herkules ist.« (Brief vom 29. November 1794; HA, Band 3, S. 427) Goethe antwortete ablehnend, nicht ohne aber die Tür für die Zukunft einen Spalt breit zu öffnen: »Von ›Faust‹ kann ich jetzt nichts mitteilen. Ich wage nicht, das Paket aufzuschnüren, das ihn gefangen hält. Ich könnte nicht abschreiben, ohne auszuarbeiten, und dazu fühle ich mir keinen Mut. Kann mich künftig etwas dazu vermögen, so ist es gewiß Ihre Teilnahme.« (Brief vom 2. Dezember 1794; HA, Band 3, S. 427)

Erst gut zweieinhalb Jahre später, nach Abschluss des *Wilhelm Meister*, war es so weit. Am 22. Juni 1797 teilte Goethe Schiller mit:

Da es höchst nötig ist, daß ich mir in meinem jetzigen unruhigen Zustande etwas zu tun gebe, so habe ich mich entschlossen, an meinen »Faust« zu gehn und ihn, wo nicht zu vollenden, doch wenigstens um ein gutes Teil weiter zu bringen, indem ich das, was gedruckt ist, wieder auflöse und mit dem, was schon fertig oder erfunden ist, in große Massen disponiere und so die Ausführung des Plans […] näher vorbereite. (HA, Band 3, S. 427)

Bereits am nächsten Tag entstand, nach dem Zeugnis von Goethes Tagebuch, ein »[a]usführliches Schema zum ›Faust‹« und am übernächsten das Gedicht »Zueignung«, das der Tragödie in der Endfassung voransteht. Doch bereits nach zwei Wochen stockte die Arbeit wieder: »›Faust‹ ist die Zeit zurückgelegt worden, […] doch habe ich das Ganze als Schema und Übersicht sehr umständlich durchgeführt.« (An Schiller, Brief vom 5. Juli 1797; HA, Band 3, S. 429)

Ähnlich ausweichend lautet die Nachricht, die Goethe Schiller fast ein Jahr später über den Stand des Projekts zukommen ließ:

> Meinen »Faust« habe ich um ein gutes weitergebracht. Das alte, noch vorrätige, höchst konfuse Manuskript ist abgeschrieben, und die Teile sind in abgesonderten Lagen nach den Nummern eines ausführlichen Schemas hintereinander gelegt. Nun kann ich jeden Augenblick der Stimmung nutzen, um einzelne Teile weiter auszuführen und das Ganze früher oder später zusammenzustellen. (An Schiller, Brief vom 5. Mai 1798; HA, Band 3, S. 430)

Trotz dieser praktischen Anstalten stellte sich die rechte Stimmung offenbar selten ein. Im Frühjahr 1800 veranlasste Schiller daher seinen Tübinger Verleger Cotta, Goethe mit hohen Honorarversprechen zur Weiterarbeit zu motivieren: »Nun noch einen guten Rat. Ich fürchte, Goethe läßt seinen ›Faust‹, an dem schon so viel gemacht ist, ganz liegen, wenn er nicht von außen und durch anlockende Offerten veranlaßt wird, sich noch einmal an diese große Arbeit zu machen und sie zu vollenden.« (Brief vom 24. März 1800; HA, Band 3, S. 431)

Goethe durchschaute das gutgemeinte Komplott, das gleichwohl seine Wirkung tat: »Ich habe einen Brief von ihm [Cotta] über ›Faust‹, den Sie mir wahrscheinlich zugezogen haben; wofür ich aber danken muß, denn wirklich habe ich auf diese Veranlassung das Werk heute vorgenommen und durchdacht.« (An Schiller, 11. April 1800; HA, Band 3, S. 431) Tatsächlich folgten im Frühjahr und Herbst 1800 längere Arbeitsphasen, die dem *Faust* gewidmet waren. Allerdings arbeitete Goethe hauptsächlich an einem neuen Zusammenhang, den Helena-Partien, die letztlich im zentralen dritten Akt von *Faust II* ihren Platz fanden. Dem klassisch gestimm-

Johann Wolfgang von Goethe. Gemälde von Gerhard von Kügelgen (1772 bis 1820) aus dem Jahre 1810. Öl auf Leinwand.

ten Goethe der Zeit um 1800 mochte es leichterfallen, in die Welt der Antike einzutauchen, als sich auf die nordische Atmosphäre des ersten Teils von *Faust* einzulassen. Erst 1801 scheint er einen ernsthaften Anlauf genommen zu haben, die »große[ ] Lücke« (am 3. April an Schiller) auszufüllen, die als Brücke zwischen der Gelehrten- und der Gretchenhandlung noch fehlte (den Schluss der Szene »Nacht«, »Vor dem Tor« und »Studierzimmer I und II«). Doch auch dieses Jahr 1801 brachte nicht den Abschluss von *Faust I*. Am 10. Dezember schrieb Schiller – der seit 1798 wieder hauptsächlich als Dramatiker arbeitete und mehr oder weniger Jahr für Jahr ein Stück vorlegte – mit Bedauern und leichter Ungeduld an Cotta:

> Sie fragen mich nach Goethen und seinen Arbeiten. [...] Er ist zu wenig Herr über seine Stimmung; seine Schwerfälligkeit macht ihn unschlüssig; und über den vielen Lieb-

haber-Beschäftigungen, die er sich mit wissenschaftlichen Dingen macht, zerstreut er sich zu sehr. Beinahe verzweifle ich daran, daß er seinen »Faust« noch vollenden wird. (HA, Band 3, S. 433 f.)

Die Tragödie wurde schließlich doch noch fertig. Schiller aber, der 1805 starb, erlebte den Abschluss der Arbeit nicht mehr. Im Frühjahr 1806, vielleicht auch eingedenk der Mahnungen des nun toten Freundes, legte Goethe letzte Hand an *Faust I* und war anschließend endlich bereit, das Werk als fertig zu betrachten und aus der Hand zu geben.

Eine letzte Verzögerung brachte die große Politik, das Kriegsgeschehen der napoleonischen Epoche. Im Herbst 1806 erklärte Preußen, nach zehnjähriger Neutralität, Frankreich den Krieg und erlitt wenige Wochen später in der Doppelschlacht bei Jena und Auerstedt, also in unmittelbarer Nachbarschaft Weimars, eine vernichtende Niederlage, die den mächtigsten deutschen Staat in eine existenzbedrohende Krise stürzte. Weimar wurde von marodierenden (plündernden) französischen Truppen heimgesucht. Goethe befand sich für einige Stunden in Lebensgefahr. In solchen aufwühlenden Zeiten gerieten die Künste, geriet die Literatur in den Hintergrund. Erst 1808, als sich die öffentlichen Verhältnisse wieder weitgehend beruhigt hatten, erschien *Faust. Eine Tragödie* innerhalb der Werkausgabe, die Cotta zwischen 1806 und 1810 herausbrachte.

II Inhaltsangabe

Zueignung

Der Dichter, der sein halb vollendetes Stück lange hat liegen lassen, spricht zu sich selber. Die Figuren der Jugenddichtung drängen sich dem inneren Auge ihres Schöpfers wieder auf. Mit ihnen stellt sich die Erinnerung an frohe, vergangene Tage und an die Weggefährten der Jugend ein, die inzwischen teils bereits tot, teils in alle Welt zerstreut sind. Die Zuhörerschaft der neuen Teile der Dichtung wird nicht mehr der Kreis vertrauter Freunde, sondern eine anonyme Menge sein, die das Herz des Dichters nur noch wenig angeht. Umso mehr zieht es ihn wieder zu den Figuren seiner Schöpfung hin.

Vorspiel auf dem Theater

Der Theaterdirektor, der Theaterdichter und die »lustige Person« führen eine Auseinandersetzung über die Stellung des Theaters im öffentlichen Leben. Der Theaterdichter und die »lustige Person«, die für den Schauspieler im Allgemeinen (nicht nur für den Spaßmacher) spricht, betonen die Erfordernisse des Bühnenbetriebs: Die Menge soll herbeiströmen, so der Direktor. Man müsse ihr daher etwas möglichst Vielgestaltiges, eine Art Ragout (Mischgericht) bieten, denn jeder komme mit anderen Erwartungen. Dagegen verwahrt sich der Dichter: Die Bedürfnisse der Menge mit einer leichtfertigen Mixtur unterhaltender Elemente zu befriedigen, lehnt er ab. Er sieht mehr auf die Nachwelt als auf die Mitwelt und bezeichnet es als die eigentliche Aufgabe des Dichters, den inneren Zusammenhang des äußerlich verworrenen Weltlebens zu demonstrieren und dem Einzelnen so seine allgemeine Weihe, seine notwendige Funktion im Ganzen zuzuweisen. Nicht durch Vielstimmigkeit, sondern durch Einklang bewege er die Herzen.

Dem Schauspieler ist das zu hoch gegriffen. Scheinbar auf den Dichter eingehend, weist er ihm einen anderen Weg: Er solle darstellen, wie der tätige, fühlende Mensch mit der Welt verflochten werde, wie er seinen Weg suche und in die Irre gehe. Die begeisterungs- und noch entwicklungsfähige Jugend werde sich in einem solchen Schauspiel wiedererkennen.

Den alternden Dichter zieht dieser Ratschlag an. Er fordert den Schauspieler wehmütig auf, ihm seine Jugend zurückzugeben. Das ist diesem nun allerdings nicht möglich. Selbst erleben, so der Schauspieler zum Dichter, könne er die Abenteuer der Jugend nicht noch einmal. Aber schildern könne er sie; und das werde man ihm danken.

Ungeduldig mahnt daraufhin der Direktor, nun den schönen Worten auch Taten folgen zu lassen. Der Dichter möge die Poesie kommandieren, die Möglichkeiten der Bühnentechnik ausreizen und in dem »engen Bretterhaus« den »ganzen Kreis der Schöpfung« ausschreiten.

Prolog im Himmel

Im Kreise der himmlischen Herrscharen hört der HERR dem feierlichen Lobpreis zu, den die drei Erzengel auf den Lauf der Sonne, den Sphärengesang und die Herrlichkeit der Schöpfung anstimmen. Da tritt Mephistopheles hinzu und erklärt, in diesen Hymnus nicht einstimmen zu können. Er sehe nur die elende Existenz der Menschen, die mit ihrer Vernunft, dem Wiederschein der himmlischen Klarheit, so wenig anzufangen wüssten und ohne sie vermutlich besser dran wären. Der HERR weist ihn auf Faust hin, den Mephistopheles genau kennt und treffend charakterisiert: Der sei ein ruheloser Mensch, der um geistige Klarheit ringe, der alles für sich fordere und den nichts befriedige. Den wolle er dem HERRN auch abspenstig machen, wenn dieser ihm freie Hand lasse. Der HERR gestattet ihm, den Versucher zu spielen, kündigt ihm aber gleich an, dass es ihm nicht gelingen werde, Faust von seinem Weg abzubringen, auch wenn der diesen Weg vorläufig nur dunkel ahne. Später werde er, der HERR, ihn »in die Klarheit führen«. Mephistopheles ist jedoch für seine Wette nicht bange, wie er sagt. Er zeigt sich zuversichtlich, Faust dahin zu bringen, Staub zu fressen, und zwar »mit Lust«. Der HERR weist Mephistopheles darauf hin, dass auch er, der Verneiner der Schöpfung, in seinem Tun nur scheinbar frei sei. Er verarge ihm aber sein Auftreten und seine Absichten nicht. Dem Menschen, der allzu leicht erschlaffe, tue es ganz gut, wenn er den Teufel auf dem Hals habe.

Nach diesen Worten des HERRN schließt sich der Himmel. Mephistopheles bleibt allein zurück und kommentiert als Schlusswort in respektlos-gemütlichem Ton die herablassende Freundlichkeit des HERRN ihm gegenüber.

Der Tragödie erster Teil

Nacht
Faust sitzt in seiner engen Studierstube am Schreibpult und führt sich angewidert seine Lage vor Augen. Seit zehn Jahren ist er als Universitätslehrer tätig und lehrt seine Studenten ein Wissen, das ihn selbst unbefriedigt lässt. Sein Bedürfnis als Forscher und Mensch zielt hoch: Ihm geht es um die Erkenntnis der innersten Gesetze und Antriebskräfte der Natur. Weil ihm die traditionellen Studienfächer der Philosophie, Jura, Medizin und Theologie keine befriedigenden Antworten bieten, hat er sich der Magie zugewandt. Er schlägt ein Werk aus dem Umfeld der alchemistischen Geheimwissenschaften auf und findet darin eine schematische Darstellung des Makrokosmos, der ›großen Welt‹ (im Gegensatz zum Menschen, der Verkörperung der ›kleinen Welt‹). In einer Art ekstatischer Schau meint er, dass sich ihm die »Kräfte der Natur« in ihrem

lebendigen Zusammenhang enthüllen. Er kommt sich erleuchtet und göttlich vor. Diesem jähen Stimmungsaufschwung folgt jedoch ein ebenso jäher Absturz auf dem Fuß: Er erkennt, dass das Schema ihm nur eine tiefere Einsicht vorgegaukelt hat, die er in Wahrheit keineswegs besitzt. Unwillig blättert er weiter und entdeckt auf einer anderen Seite das Zeichen des Erdgeists. Diesen, der nicht bloßes Bücherwissen, sondern lebendige Erfahrung verheißt, beschwört er mit verzweifelter Entschlossenheit. Tatsächlich erscheint der Geist in einer rötlichen Flamme. Faust erträgt den Anblick nicht und wendet sich ab, woraufhin der Geist ihm verächtlich seine Anmaßung und menschliche Schwäche vorhält. Faust, dadurch provoziert, nimmt sich zusammen und versucht, der Erscheinung von Gleich zu Gleich entgegenzutreten. Diese gibt sich als Geist der lebendigen Natur zu erkennen. Begeistert ruft Faust aus, wie nah er sich dem Erdgeist fühle, und wird erneut in seine Schranken gewiesen: Er gleiche lediglich dem Geist, den er begreife! Faust ist von dieser Antwort niedergeschmettert. Die Geistererscheinung schwindet.

Es klopft. Fausts Famulus (Assistent) Wagner tritt in Schlafrock und Nachtmütze herein. Er hat den Lärm vernommen, vermutete, Faust deklamiere ein griechisches Trauerspiel, und eilte herbei, um sich diese Gelegenheit zur Weiterbildung nicht entgehen zu lassen. Es entspinnt sich ein Gespräch darüber, was einen überzeugenden Redner ausmacht. Am wichtigsten sei die Kunst des Vortrags, glaubt Wagner. Fausts Ansicht, es komme viel eher darauf an, dass man aus vollem Herzen spreche, scheint ihn nicht zu überzeugen. Faust bittet ihn schließlich, die Unterhaltung auf ein anderes Mal zu vertagen. Wagner zieht sich bereitwillig zurück, nachdem er die Hoffnung geäußert hat, dass sich am nächsten Tag, dem Ostersonntag, Gelegenheit zu weiterem fördernden Gespräch ergeben werde.

Wieder allein, setzt Faust sein Selbstgespräch fort. Die Begegnung mit dem Erdgeist hat ihn tief entmutigt. Diesem war er nicht gewachsen. Seine Bücher und wissenschaftlichen Instrumente andererseits haben sich als untaugliche Mittel der Erkenntnis erwiesen und öden ihn an. Da fällt sein Blick auf ein Fläschchen mit Gift. Euphorisch und feierlich verspricht er sich von ihm die Befreiung und Entgrenzung aus dem Kerker seiner unbefriedigten Existenz. Durch den unerschrockenen Entschluss zum Freitod will er seine beschädigte Würde wiederherstellen. – Faust setzt zum Trinken an. Da ertönen die Osterglocken, in die sich Chorgesang mischt, der von der Auferstehung des Heilands kündet. Die Erinnerung an die – wenn auch inzwischen lang verlorene – religiöse Andacht der Kindheit zwingt ihn, die Trinkschale abzusetzen. Weinend gibt er seinen Entschluss zum Selbstmord auf.

Vor dem Tor

Das Volk – Handwerker, Dienstmädchen, Schüler, Bürgermädchen, Bürger, Bettler, Soldaten – begibt sich zum traditionellen Osterspaziergang hinaus in die Natur. Auch Faust und Wagner finden sich ein. Faust weist seinen Famulus darauf hin, wie die Natur den Winter abzuschütteln beginnt und wie auch die Menschen sich im Vorgefühl des Frühlings freudig regen. Sie kommen zu einer Linde, wo sich Bauern zu Tanz und Gesang versammelt haben. Ein alter Bauer spricht Faust an, reicht ihm einen Erfrischungstrunk und rühmt ihn als den Mann, der seinerzeit als Helfer seines Vaters unerschrocken und erfolgreich die Fieberseuche bekämpfte, die damals in der Gegend gewütet habe. Im Weitergehen klärt Faust Wagner darüber auf, wie unangenehm ihm die Dankbarkeit des Volks sei. Sein Vater sei kein großer Arzt, sondern ein Schwarzkünstler gewesen, der mit einigen Anhängern seine höllischen Arzneien auf zweifelhafteste Weise zusammengebraut habe.

Diese Arzneien hätten viel mehr Menschen getötet als geheilt. Er selbst habe sich damals mitschuldig gemacht und werde nun dafür verehrt!

Wagner versucht, zu beschwichtigen. Der Mensch könne nur leisten, was in seiner Macht stehe, und müsse darauf vertrauen, dass sich die wissenschaftliche Erkenntnis in kleinen Schritten weiterentwickle. Faust preist Wagner für dessen selbstzufriedenen Optimismus sarkastisch glücklich. Sein eigener Blick geht in die Ferne. Der sinkenden Abendsonne nachsehend, wünscht er sich Flügel, um ihr in göttergleichem Flug zu folgen und ewiges Licht zu trinken. Wagner sind solche Entgrenzungsträume fremd, wie er bereitwillig eingesteht. Er findet seine Welt zwischen den Seiten eines gelehrten Buchs. Fausts Tagtraum, auf einem Zaubermantel in ferne Länder zu entschweben, erscheint ihm gefährlich und bedenklich. Man solle nicht die Geisterwelt beschwören. Habe man sie einmal auf dem Hals, richte sie einen zugrunde.

Faust, der kaum noch zuhört, macht Wagner auf einen schwarzen Hund aufmerksam, der sich in einiger Entfernung zeigt. Schlage seine Fährte nicht Feuer? Ziehe er nicht immer engere Kreise, die sich wie magisch leise Schlingen um sie zuzögen? Wagner will von alldem nichts wissen. Ein gewöhnlicher Pudel sei das, nichts weiter. (Zu Goethes Zeit war ›Pudel‹, anders als heute, noch die Bezeichnung für einen kräftigen Jagdhund.) Faust lenkt ein und gibt ihm recht. Sie kehren in die Stadt zurück. Der Pudel folgt ihnen.

Studierzimmer I
Zurück in seiner Studierstube, greift Faust in einer besänftigten Stimmung zur Bibel, um zu seiner Erbauung den Anfang des Johannes-Evangeliums ins Deutsche zu übertragen. Der Pudel gebärdet sich dabei so widerspenstig, dass Faust ihn schließlich loszuwerden versucht. Da beginnt das Tier sich

vor seinen Augen zu verwandeln. Auf dem Gang ertönen Geisterstimmen, die Fausts Verdacht bestätigen, unversehens einen Geist gefangen zu haben. Er versucht, den Geist zu beschwören. Eine Formel, die mit den vier Elementen auf die naturhafte Sphäre des Erdgeists zielt, versagt. Als Faust jedoch ein Zeichen ausprobiert, das Höllengeister zwingt, vollendet sich die Metamorphose des Pudels und Mephistopheles tritt, als sich der Nebel legt, als fahrender Scholastikus (Wanderstudent) hinter dem Ofen hervor. Faust reagiert amüsiert und fragt die Erscheinung nach ihrem Namen. Mephistopheles antwortet spöttisch und ausweichend. Er bezeichnet sich als den »Geist, der stets verneint«, und beklagt die Vergeblichkeit seines unablässigen Kampfs gegen das immer neu sich fortzeugende Leben. Dann bittet er, ihn für diesmal gehen zu lassen. Faust wundert sich, von einem Teufel um Erlaubnis gebeten zu werden, und erfährt, ein Drudenfuß auf der Türschwelle sperre den Ausgang. Dass selbst die Höllengeister Gesetze anerkennen müssen, findet Faust bemerkenswert. Da ließe sich ja womöglich ein Pakt mit ihnen schließen?

Mephistopheles erklärt sich gerne bereit, das demnächst zu besprechen. Nun aber wolle er gehen. Doch Faust will das nicht erlauben. Mephistopheles lenkt scheinbar ein. Geister eilen ihm zu Hilfe und versetzen Faust mit gefälligem Gesang in einen Tagtraum von Liebe, Wein, fernen Inseln und Tanz. Nachdem eine dienstfertige Ratte die Schwelle mit dem Drudenfuß benagt hat, entschlüpft Mephistopheles. Faust, gleich darauf erwachend, fühlt sich neuerlich von der Geisterwelt düpiert und fragt sich, ob die Begegnung ein Traum war.

Studierzimmer II
In der nächsten Szene, die wiederum im Studierzimmer spielt, stattet Mephistopheles Faust den versprochenen zweiten Besuch ab. Viel Zeit wird seit dem vorigen Besuch nicht vergan-

gen sein. Mephistopheles erscheint diesmal im Gewand eines jungen adligen Herrn, der seine Kavalierstour durch die Welt antritt. Zu einer solchen Reise möchte er Faust bewegen. Dieser ist in einer schlimmen Stimmung: Das Leben ekelt ihn an; er verflucht die Welt, die Liebe, die Hoffnung, den Glauben, die Geduld. Mephistopheles, unterstützt durch einen Chor unsichtbarer Geister, fordert ihn auf, von dieser destruktiven Haltung abzulassen und sich ins volle Leben zu stürzen. Er werde ihm dienstbar zur Seite stehen. Daraufhin will Faust wissen, was der Teufel als Gegenleistung verlange. Mephistopheles deutet an, dass nach Fausts Tod die Rollen wechseln sollen und dieser der Knecht des Teufels sein solle. Diese Bedingung beunruhigt Faust wenig. Das »Drüben« sei ihm einerlei. Das Diesseits sei der Schauplatz seiner Freuden und Leiden. Die Dienste des Teufels wertet er von vornherein im Bewusstsein ab, unempfänglich für bloß passiven Genuss zu sein. Deshalb lautet sein Angebot: Wenn er je dahin gelange, zum Augenblick zu sagen, »Verweile doch! du bist so schön!«, so gehöre er dem Teufel. Mephistopheles schlägt ein, die Wette gilt. Allerdings möchte er sich den Pakt schriftlich bestätigen lassen. Auch soll Faust mit seinem Blut unterzeichnen. Dieser reagiert höhnisch auf solche Pedanterie, wie er es nennt, und versichert Mephistopheles, er werde das Bündnis schon halten. Selbstgenuss um jeden Preis soll ihm seinen Wissensdrang unterdrücken helfen, bevor er zuletzt »zerscheitern« werde. Mit dieser nihilistischen Perspektive tritt Faust seine Weltfahrt an.

Bevor sich die beiden davonmachen können, ist jedoch noch ein Schüler, ein neuer Student, abzufertigen, der draußen im Gang wartet. Mephistopheles bietet an, die Studienberatung zu übernehmen. Faust überlässt ihm seine akademische Tracht und zieht sich zurück, um sich reisefertig zu machen. Mephistopheles schickt ihm einige grimmige Gedanken hinterher. Dann tritt der Schüler ein. Er ist noch sehr grün hinter den Ohren und nimmt dankbar auf, was Mephistopheles mit sarkastischem Witz über die ihm sich bietenden Studienmöglichkeiten – Logik beziehungsweise Philosophie als vorbereitendes Grundstudium, auf das einer der Fachstudiengänge Jura, Theologie oder Medizin folgt – zum Besten gibt. Mephistopheles rät zur Medizin, in der man den Dingen ihren Lauf lassen und die Patientinnen ungehindert befingern könne. Dieser Rat leuchtet dem Schüler ein. Nachdem dieser sich ehrerbietig verabschiedet hat, kommt Faust zurück. Ein wenig störrisch und unsicher gibt er noch zu bedenken, dass er unter Leuten unbeholfen sei und sich noch nie in die Welt zu schicken gewusst habe. Mephistopheles entgegnet, Faust möge nur Vertrauen zu sich selbst haben. Auf einen Reisewagen und Dienerschaft können sie verzichten. Der Mantel von Mephistopheles wird sie durch die Lüfte tragen.

Auerbachs Keller in Leipzig

In einem Leipziger Lokal hat sich eine Runde übermütiger Zecher versammelt. Der Umgangston ist derb. Man macht sich übereinander lustig, aber auch über den Staat und die Kirche; man zieht über Frauen, über den Reformator Luther und über genussfreudige Mönche her. Mephistopheles und Faust erscheinen. Die lustigen Gesellen und Mephistopheles liefern sich sogleich einen kleinen Schlagabtausch. Mephistopheles gibt ein Lied zum Besten, das aufgrund seiner gegen das Günstlingswesen an den Höfen gerichteten Tendenz viel Beifall hervorruft. Anschließend äußert er sich, zum Unwillen der Zecher, abfällig über die Qualität des Weins und bietet an, jedem eine Weinspezialität zu spendieren. Der Vorschlag wird angenommen und ein Bohrer beschafft, mit dem Mephistopheles der Reihe nach an jedem Platz ein Loch in den Tischrand bohrt, um es dann erst einmal wieder mit Wachs zu verstopfen. Tatsächlich fließt anschließend aus jedem Loch der gewünschte edle Tropfen. Die Runde grölt entzückt. Mephistopheles bemerkt ironisch zu Faust, das verstehe das Volk unter Freiheit. Faust ist angewidert und drängt zum Aufbruch. Mephistopheles will den Burschen jedoch zuvor noch eine Lektion erteilen. Als einer von ihnen Wein verschüttet, schlägt aus der Pfütze eine Flamme; ein Tropfen Fegefeuer, wie Mephistopheles den Trinkern erklärt. Diese wollen auf ihn losgehen, werden aber von ihm mit einem weiteren Zauberspruch gebannt. Erst als Mephistopheles und Faust bereits verschwunden sind, kommen sie wieder zu sich.

Hexenküche

In einer phantastisch ausstaffierten Hexenküche steht ein großer Kessel auf der Feuerstelle. Eine Meerkatze (eine Affenart mit langem Schwanz) passt auf, dass das Gebräu nicht überläuft. Der Meerkater und die Jungen sitzen dabei und wärmen sich. Mephistopheles tritt mit dem widerstrebenden Faust ein. Sie sind gekommen, um Faust um dreißig Jahre verjüngen zu lassen. Da die Hexe nicht zu Hause ist, unterhält sich Mephistopheles mit den Tieren, die närrisches Zeug reden. Faust verfolgt das Treiben mit äußerstem Unwillen, bis er in einem Spiegel das Bild einer Frau erblickt, die ihm unendlich schön vorkommt. Er versinkt in die Betrachtung der Erscheinung. Mephistopheles verspricht, ihm eine nicht minder begehrenswerte Frau als Braut zu verschaffen. Die Affen treiben weiter übermütige Scherze mit Mephistopheles. Aus dem unbeaufsichtigten Kessel, der überzulaufen beginnt, schlägt eine große Flamme zum Schornstein hoch, und zwar ausgerechnet in dem Moment, in dem die Hexe durch den Schornstein heruntergesaust kommt. Sie veranstaltet ein großes Geschrei und fährt auch die Gäste grob an. Mephistopheles weist sie zurecht. Erst jetzt erkennt sie ihn und bittet um Verzeihung. Was er denn wolle? Mephistopheles erklärt es ihr. Assistiert von den Affen, veranstaltet die Hexe, unter Mephistopheles' ironischen Kommentaren, eine fratzenhafte Parodie der katholischen Lithurgie, rezitiert unsinnige Zauberformeln und verabreicht schließlich dem von all dem Brimborium abgestoßenen Faust den Trank. Mephistopheles dankt der Hexe. Wenn er ihr seinerseits einen Gefallen tun könne, solle sie ihm das nur demnächst in der Walpurgisnacht sagen. Dann drängt er zum Aufbruch. Faust löst sich nur ungern von der Betrachtung der schönen Frau im Spiegel. Mephistopheles verspricht, er werde das Muster aller Frauen bald leibhaftig sehen, und fügt für sich sarkastisch hinzu, mit diesem Trank im Leibe werde er bald jede Frau für Helena halten.

Straße

Faust spricht auf der Straße ein junges Mädchen an. Er bietet ihr an, sie nach Hause zu begleiten. Sie lehnt ab. Mephistopheles kommt hinzu. Faust fordert, er solle ihm das Mädchen verschaffen. Mephistopheles entgegnet, diese, ein ganz unschuldiges Ding, das gerade von der Beichte komme, sei nicht so leicht zu haben. Faust will davon nichts hören. Er behauptet, so ein Mädchen zur Not selbst im Handumdrehen verführen zu können. Dennoch pocht er auf Mephistopheles' Hilfe, der verspricht, ihn noch heute in ihr Zimmer zu führen und einen wertvollen Schmuck für sie zu besorgen.

Abend

Margarete, die Gretchen genannt wird, flechtet sich in ihrer Stube die Zöpfe. Sie denkt an den Fremden. Dann geht sie hinaus. Mephistopheles und Faust treten ein. Faust bittet seinen Begleiter, ihn allein zu lassen. Er schaut sich voll Andacht in dem sauber gehaltenen Zimmer um und fühlt sich überwältigt von Rührung und Liebe. Mephistopheles kommt zurück und drängt Faust aus dem Zimmer, bevor Gretchen zurückkehrt. Zuvor versteckt er noch schnell das Kästchen mit dem Schmuck im Kleiderschrank des Mädchens.

Gretchen spürt sofort die veränderte Atmosphäre im Zimmer. Sie hat ein banges Gefühl und wünscht sich, die Mutter möge heimkehren. Während sie sich zur Nacht entkleidet, singt sie das Lied vom »König in Thule«, der seiner Geliebten auch über ihren Tod hinaus die Treue bewahrt. Dann entdeckt sie das Kästchen, öffnet es, staunt und legt den Schmuck an. Der Gedanke, er könne ein Geschenk für sie sein, kommt ihr zunächst gar nicht. Sie betrachtet sich im Spiegel und stellt traurig fest, dass eben nur reiche Frauen, die solchen Schmuck besitzen, uneingeschränkte Bewunderung auf sich ziehen, in die sich kein Mitleid und keine Herablassung mischen.

Spaziergang

Mephistopheles ist außer sich, dass der Schmuck, den er beschafft hat, im Schoß der Kirche gelandet ist. Die Mutter Gretchens, sogleich Unheil ahnend, hat ihn dem Pfarrer übergeben, der ihn ohne Weiteres einkassiert hat. Faust lässt das kalt. Er fragt nach Gretchen. Ach, um deren Ruhe sei es geschehen. Sie denke unentwegt an den Schmuck und an den, der ihr ein solches Geschenk gemacht habe. Faust verlangt, Mephistopheles solle einen zweiten, noch reicheren Schmuck auftreiben.

Der Nachbarin Haus

Nachdem Gretchen den neuen Schmuck gefunden hat, läuft sie nicht zur Mutter, sondern zur Nachbarin Frau Marthe. Die rät ihr gleich, der Mutter das Geschenk zu verschweigen, sich erst nach und nach in der Öffentlichkeit damit zu zeigen und die Mutter, wenn sie nachfrage, anzuschwindeln.

Mephistopheles klopft und tritt herein. Er macht Gretchen Komplimente und richtet dann Frau Marthe aus, ihr Mann

Emil Jannings als Mephistopheles in Friedrich Wilhelm Murnaus Stummfilm »Faust« aus dem Jahre 1926.

sei im italienischen Padua gestorben. Er selbst sei in seiner letzten Stunde bei ihm gewesen. Hinterlassen habe der Tote seiner Frau nichts. Nur habe er noch den Wunsch geäußert, sie möge dreihundert Totenmessen für ihn singen lassen. Frau Marthe ist empört und ihre Empörung steigert sich noch, als sie erfährt, dass ihr Mann gehässig über sie gesprochen und das Vermögen, zu dem er in der Fremde auf zweifelhafte Weise gekommen war, mit einer Geliebten durchgebracht habe. Mephistopheles rät ihr, sich nach einem anderen Mann umzusehen. Er sagt ihr Schmeichelhaftes und sie wirft sogleich ein Auge auf ihn. Auch bittet sie ihn, den Tod ihres Manns zu bezeugen, damit sie eine Todesanzeige aufgeben kann. Mephistopheles verspricht, zu diesem Zweck noch einen Gefährten als zweiten Zeugen aufzubieten. Man verabredet sich für denselben Abend in Frau Marthes Garten. Gretchen wird auch da sein, wie Mephistopheles sicherstellt.

Straße

Mephistopheles stattet Faust Bericht ab. Alles gehe vortrefflich, die Nachbarin Gretchens sei zur Kupplerin wie geschaffen. Faust habe er als zweiten Zeugen für den angeblichen Tod Herrn Schwerdtleins eingeführt. Faust weigert sich, das Lügenspiel mitzumachen, woraufhin Mephistopheles höhnisch entgegnet, wenn er seine Vorlesungen gehalten habe, sei er nicht so zimperlich mit der Wahrheit gewesen. Faust reagiert gereizt, lässt sich aber nun doch auf den Betrug ein.

Garten

Die beiden Frauen und die fremden Herren spazieren durch Frau Marthes Garten. Das Publikum bekommt abwechselnd Teile der Gespräche beider Paare mit. Zwischen Faust und Gretchen herrscht ein inniger Ton. Sie glaubt, einen so weitgereisten Herrn nicht interessieren zu können. Er versichert ihr das Gegenteil. Sie erzählt von ihrer Familie: von dem früh verstorbenen Vater, der ihnen ein hübsches Vermögen hinterlassen habe; von der Mutter, die gleichwohl allzu sparsam sei und ihr in allem auf die Finger sehe; von dem Bruder, der Soldat sei; von der kleinen Schwester, die sie versorgt, die aber zuletzt doch nicht überlebt habe. Dass Faust der fremde Herr ist, der sie neulich auf der Straße angesprochen hat, hat sie gleich erkannt. Sie nimmt ihm sein Betragen aber nicht übel. Sie pflückt eine Sternblume, zupft deren Blätter ab und murmelt dabei vor sich hin: Er liebt mich ... liebt mich nicht ... liebt mich. Aus vollem Herzen bestätigt Faust ihr, dass er sie ewig lieben werde; dann bricht er halb verzweifelt ab.

Frau Marthe hat sich indessen bemüht, Mephistopheles zu verstehen zu geben, dass er ihr als Ehemann durchaus willkommen wäre. Mephistopheles stellt sich taub. Das offenkundige Einverständnis zwischen Gretchen und Faust beobachten hingegen beide mit gleicher Zufriedenheit.

Ein Gartenhäuschen

Gretchen hat sich im Gartenhäuschen versteckt. Faust findet sie dort. Sie umarmen und küssen sich. Mephistopheles und Frau Marthe kommen hinzu. Es ist Zeit, sich zu verabschieden. Gretchen ruft Faust ein »Auf baldig Wiedersehn!« nach. Sie staunt über ihr unverhofftes Liebesglück.

Wald und Höhle

Faust hat sich in die einsame Natur zurückgezogen. Er dankt dem Erdgeist mit innigen Worten, dass er ihm die Sinne für die Natur geöffnet und ihn auch mit sich selbst bekannt gemacht habe. Trotzdem fühlt er sich innerlich zerrissen zwischen kontemplativem Genuss tieferer Einsicht in das Wesen der Welt und fleischlicher Begierde. Schuld daran ist sein Gefährte, Mephistopheles, der alles Wertvolle zuschanden macht und den er doch nicht mehr entbehren kann.

Kaum denkt Faust an Mephistopheles, stellt sich dieser schon persönlich ein. Er möchte Faust zu neuen Erlebnissen animieren und macht sich über seine Flucht in die öde Wildnis lustig. Dort, am Busen der Natur, könne er sich leicht göttlich fühlen! Er gönne ihm ja das Vergnügen, sich ab und zu etwas vorzulügen. Jedoch Gretchen sitze daheim und weine sich die Augen nach ihm aus. Faust beschimpft den Versucher. Er fürchtet, dass er, der Ruhelose, Unbehauste, Gottverhasste, Gretchen ins Verderben stürze. Dann aber gibt er sich in plötzlichem Entschluss geschlagen: Die Hölle müsse offenbar dieses Opfer haben. So werde er also mit sich selbst auch Gretchen zugrunde richten.

Gretchens Stube

Gretchen sitzt allein am Spinnrad und spricht einfach-rührende Verse vor sich hin: Ihre Ruhe ist dahin, ihr Herz ist schwer; all ihre Gedanken und Wünsche gelten dem Geliebten.

Marthens Garten

Gretchen führt ein ernsthaftes Gespräch mit Faust. Sie hält ihm vor, nicht an Gott zu glauben. Er antwortet beschwichtigend und ausweichend. Auch wenn er sich nicht an die traditionellen Worte und Gebräuche halte, so trage er doch ein religiöses Gefühl in sich. Gretchen hat aber noch etwas auf dem Herzen: Ihr graut vor Fausts Gefährten. Faust ist betroffen über ihre Intuition, auch wenn er ihren Widerwillen zu verharmlosen versucht. Um einmal eine Stunde ungestört beisammen sein zu können, lässt sich Gretchen von Faust überreden, ihrer Mutter ein Schlafmittel zu verabreichen.

Kaum ist Gretchen fort, ist Mephistopheles zur Stelle. Er hat das Gespräch belauscht und kommentiert es süffisant.

Am Brunnen

Gretchen trifft beim Wasserholen eine Bekannte, die erbarmungslos über ein anderes Mädchen herzieht, das ungewollt schwanger geworden ist. Gretchen äußert Mitleid, wofür ihre Bekannte kein Verständnis hat. Allein zurückbleibend, ruft sich Gretchen in Erinnerung, dass sie früher ähnlich schadenfroh und selbstgerecht gewesen sei. Nun aber habe sie selbst Sünde auf sich geladen; und doch sei das, was sie zur Sünde getrieben habe, »so gut«, »so lieb« gewesen.

Zwinger

An einer einsamen Stelle zwischen der inneren und äußeren Ringmauer der Stadt, an der ein Madonnenbild aufgestellt ist, fleht Gretchen die Mutter Gottes um Beistand und Gnade an. Sie möge sie vor Schmach und Tod bewahren.

Nacht

Gretchens Bruder Valentin, der Soldat, hat sich vor Gretchens Haus eingefunden, um ihren Liebhaber abzupassen und zu töten. Er bemitleidet sich selbst: Seit seine Schwester, mit der er sonst als einem Muster an Tugend hat angeben können, ins Gerede gekommen ist, muss er sich allerlei Sticheleien gefallen lassen, ohne dafür Rechenschaft fordern zu können. Seine Ehre ist verletzt.

Mephistopheles und Faust kommen. Faust ist bedrückter Stimmung, Mephistopheles hingegen, in Vorfreude auf die Walpurgisnacht am übernächsten Tag, gut gelaunt und angeregt. Er bringt vor Gretchens Fenster ein Ständchen aus, das davon handelt, wie schnell ein Mädchen seine Unschuld verlieren kann. Valentin tritt wutentbrannt hinzu, entreißt ihm die Zither und zertrümmert das Instrument. Dann geht er mit seinem Degen auf Faust los, der ebenfalls blankzieht, um sich zu verteidigen. Mephistopheles führt ihm die Klinge. Valentin fällt tödlich getroffen. Gretchen erscheint am Fenster, Frau Marthe an einem anderen, Volk versammelt sich auf der Straße, Mephistopheles und Faust machen sich ungehindert davon. Gretchen eilt herzu. Vor allen Leuten beschimpft ihr Bruder sie als Hure, prophezeit ihr, sie werde wie eine Aussätzige behandelt werden, und verflucht sie. Auch Frau Marthe bedenkt er mit Verwünschungen. Dann stirbt er, mit sich und der Welt im Reinen.

Dom

In der Kirche, in der sich die Leute drängen, vernimmt Gretchen die Stimme eines bösen Geists, der sie mit peinigenden Fragen nach ihrer verlorenen Unschuld, nach der an dem vermeintlichen Schlafmittel gestorbenen Mutter, nach dem Kind, das Gretchen unter dem Herzen trägt, nach dem Schicksal, das auf sie wartet, quält. Der Chor singt im Hintergrund die angsteinflößende Passage »Dies irae« (»Tag des Zorns«) aus der Totenmesse. Gretchen bekommt eine Panikattacke und sinkt in Ohnmacht.

Walpurgisnacht

Mephistopheles und Faust sind auf dem Weg zur Walpurgisnacht auf dem Brocken im Harz. Ein Irrlicht leuchtet ihnen auf ihrem Weg in die zaubertolle Traumsphäre. Die Natur wirkt koboldhaft belebt. Als sie sich dem Ziel nähern, treffen die beiden Wanderer auf eine erste Hexenmeute. Auf dem Berg ist dann das Gedränge so groß, dass sie beinahe getrennt werden. Mephistopheles lotst Faust ein wenig abseits an einen Platz, an dem es etwas übersichtlicher zugeht, wenngleich auch dort an die hundert Feuer brennen. Eine Trödelhexe bietet ihre Waren feil. Die Menge drängt sich zusammen, um Lilith, Adams erste Frau, zu bestaunen. Mephistopheles tanzt mit einer alten Hexe, Faust mit einer jungen. Beide Paare tauschen sexuelle Anzüglichkeiten aus. Ein »Proktophantasmist« (eine Wortbildung Goethes, die etwa so viel bedeutet wie: ein Geisterseher, dessen Erkenntnisorgan der eigene Hintern ist) klagt über das wilde unsinnige Treiben. (Goethe macht sich hier über den Berliner Verleger Friedrich Nicolai lustig, den Wortführer einer alltagstauglichen Aufklärung.) Faust lässt die junge Hexe los, nachdem ihr ein rotes Mäuschen aus dem Mund gesprungen ist. In der Ferne erblickt er eine Gestalt, die er für Gretchen hält. Sie wirkt leblos und an ihrem Hals zeigt sich eine rote Spur wie vom Schwert des Scharfrichters. Faust steht gebannt. Mephistopheles versucht die Erscheinung ins Lächerliche zu ziehen und Fausts Aufmerksamkeit auf ein Amateurtheater zu lenken, das soeben beginnt.

Walpurgisnachtstraum

Als Intermezzo, also als Zwischenspiel, folgt das Schauspiel »Oberons und Titanias goldne Hochzeit«, dessen Titelfiguren Shakespeares *Sommernachtstraum* (*A Midsummer Night's Dream*, um 1595) entnommen sind. Das im Grunde handlungslose Stück stellt sich als eine Revue unterschiedlichster Figuren dar, die jeweils ihr Sprüchlein aufsagen und dann wieder in den Hintergrund treten. Ihre Botschaften sind vielbezüglich und hintergründig, ergeben aber für den uneingeweihten Leser wenig Sinn, da sie sich vielfach auf Kontexte außerhalb der Handlung des *Faust* beziehen. Auf diese Wirkung unverständlichen Durcheinanders kam es Goethe jedoch vermutlich gerade an; daher muss man nicht unbedingt tiefer in den Anspielungsreichtum des Intermezzos eindringen.

Trüber Tag. Feld
Faust hat erfahren, dass Gretchen im Kerker als verurteilte Kindesmörderin auf ihre Hinrichtung wartet. Er ist außer sich vor Zorn auf Mephistopheles, der ihn mit billigen Zerstreuungen von Gretchens Schicksal abgelenkt habe. Mephistopheles erklärt ungerührt, sie sei »die erste nicht«. Er legt Fausts Mitleid mit Gretchen als Schwäche aus, erklärt sich aber doch bereit, das ihm Mögliche zu tun, das Mädchen zu retten.

Nacht. Offen Feld
Auf den von Mephistopheles beschafften Zauberpferden galoppieren Faust und Mephistopheles durch die Nacht. Sie bemerken, dass auf der Richtstätte abseits der Stadt eine Hexenzusammenkunft stattfindet. Eilig jagen sie weiter.

Kerker
Mephistopheles hat die Gefängniswärter betäubt, Faust ist im Besitz der Schlüssel, mit denen sich Gretchens Kerker und ihre Ketten aufschließen lassen. Er steht vor der Kerkertür, schaudert und zögert, zu Gretchen zu gehen. Von drinnen dringt verstörter Gesang zu ihm. Gretchen phantasiert, sie sei das ermordete Kind. Faust schließt auf und betritt die Zelle. Gretchen erkennt ihn nicht. Sie hält ihn für den Scharfrichter und schreckt vor ihm zurück. Warum er sie schon mitten in

der Nacht holen komme? Sie bittet, erst noch ihrem Kind die Brust geben zu dürfen. Die bösen Menschen hätten es ihr fortgenommen und behaupteten nun, sie habe es umgebracht. Faust kniet verzweifelt bei ihr. Endlich erkennt sie ihn und glaubt sich gerettet. Glückliche Erinnerungen an die erste Zeit ihrer Liebe steigen in ihr auf. Faust mahnt zur Eile. Sie bemerkt nur, wie er sich ihr entzieht. Sie bekommt es wieder mit der Angst zu tun und wird an ihm irre. Als er verzweifelt zum Aufbruch drängt, fragt sie ihn, ob er überhaupt wisse, wen er befreie? Sie habe ihre Mutter umgebracht und ihr Kind ertränkt. Sie fasst seine Hand. Diese erscheint ihr feucht, wie von Blut. Faust beschwört sie, das Vergangene ruhen zu lassen. Aber sie hört nicht auf ihn. Er müsse sich um die Gräber kümmern, das der Mutter, das des Bruders, und ihr eigenes. Das tote Kind solle bei ihr liegen. Faust ist ihr unheimlich geworden. Auch glaubt sie, dass es für sie keine Rettung mehr gibt: nicht vor ihren Verfolgern und auch nicht vor ihrem eigenen Gewissen. Faust hingegen solle fort, um sein Kind zu retten. Noch sei es nicht zu spät. Noch zapple es und sei nicht versunken. Auf diese Vision folgt das Schreckensbild der Mutter, die auf einem Stein sitzt und mit dem Kopf wackelt.

Faust erkennt, dass Gretchen nicht mehr bei Sinnen ist. Er versucht, sie in die Arme zu nehmen und wegzutragen. Sie wehrt sich. Ihre Hinrichtung steht ihr vor Augen. Mephistopheles erscheint an der Kerkertür und drängt zur Eile.

Sobald Gretchen Mephistopheles erblickt hat, erscheint ihr der Kerker plötzlich als ihre Zuflucht. Sie fleht Gott um Rettung vor dem Bösen an. Vor Faust graut es ihr nun ebenso wie vor dessen Begleiter. Mephistopheles ruft von draußen: »Sie ist gerichtet!« »Ist gerettet!«, antwortet eine Stimme von oben. Mephistopheles befiehlt Faust zu sich. Sie machen sich davon. Gretchens Ruf »Heinrich! Heinrich!« hallt den Fliehenden nach.

III Analyse und Deutung

1 Form

Gesamtstruktur

Die Entstehungsgeschichte von *Faust I* (vgl. S. 27–36 dieses Bands) zeigt, wie sehr Goethe sich scheute, durch die Fertigstellung des Stücks den in ihm angelegten Reichtum zu beschneiden. Dass er 1797 an Schiller schrieb, das »Ganze[ ]« werde »immer ein Fragment bleiben« (Brief vom 27. Juni), drückt insofern wohl nicht in erster Linie eine Sorge, sondern eher eine bewusste Absicht aus.

Tatsächlich kann, zumal bei der ersten Begegnung mit dem Stück, das so stark vom Modell der klassizistischen Tragödie abweicht und nicht einmal eine Einteilung in Akte aufweist, leicht der Eindruck des Fragmentarischen und der Heterogenität (Ungleichartigkeit der Teile) entstehen. Ein Gedicht und zwei Vorspiele stehen der eigentlichen Handlung voran. Diese beginnt mit der sehr breiten Ausmalung einer schweren Lebenskrise des Protagonisten Faust, die schließlich in den Pakt mit dem Teufel mündet. Dieser Handlungszusammenhang (V. 354–2072) beansprucht rund ein Drittel des Gesamtumfangs des Werks, konzentriert sich vorwiegend auf einen Schauplatz und hat weitgehend monologischen Charakter.

Ganz anders geartet ist der zweite große Handlungskomplex des Stücks, die Gretchentragödie (V. 2605–4612). Sie besteht aus vielen kurzen Szenen, die an ganz verschiedenen Orten spielen, und präsentiert eine Vielzahl unterschiedlicher Charaktere und Stimmen. Unterbrochen wird sie durch eine nur lose mit ihr verknüpfte Episode, die Doppelszene »Walpurgisnacht« und »Walpurgisnachtstraum« (V. 3835–4398), die schon aufgrund ihrer Länge als ein Fremdkörper innerhalb der Gretchenhandlung erscheinen kann.

Zwischen diesen beiden Hauptkomplexen der Handlung stehen die Durchgangsszenen »Auerbachs Keller in Leipzig« und »Hexenküche«. In ihnen wird jeweils eine ganz eigene Sphäre etabliert, wobei die der »Hexenküche« auf die »Walpurgisnacht« vorausweist, die von »Auerbachs Keller« hingegen im Zusammenhang der Dramenhandlung ein isoliertes Element bleibt.

So könnte man argumentieren, wenn man sich der Position anschließt, das Werk leide unter entstehungsgeschichtlich bedingten Konzeptionsmängeln, die sich auch durch gutwillige Deutungen nicht wegdiskutieren ließen. Die Verfechter dieser These bilden innerhalb der *Faust*-Forschung die Fraktion der sogenannten Fragmentisten.

Die Gegenfraktion besteht aus den sogenannten Unitariern, die eine solche Haltung als Kapitulation der Interpretation vor einem zwar formal keinem herkömmlichen Muster folgenden, aber nichtsdestoweniger gründlich und überzeugend durchorganisierten Werk ansehen.

Eine Zwischenposition nehmen diejenigen Vertreter der neueren *Faust*-Forschung ein, die zwar vor den zwangsläufigen Harmonisierungstendenzen der Unitarier warnen, jedoch selbst auf andere Organisationsprinzipien wie Leitmotivik, Polarität oder Polyperspektivität hinweisen. Ihr Standpunkt ist, dass die *Faust*-Dichtung zwar durchaus kein widerspruchsfreies Ganzes darstelle, dass dies aber von Goethe auch so gewollt und durch entsprechende künstlerische Mittel unterstrichen worden sei.

Alle drei Betrachtungsweisen haben etwas für sich; eben dies zeigt jedoch nur, dass es ein Fehler wäre, eine von ihnen zu verabsolutieren. Die folgenden Hinweise betonen jedoch tendenziell den strukturellen Zusammenhang der Teile, da diese Perspektive – sofern man sie nicht überzieht – viele interessante Beobachtungen ermöglicht.

Die Vorspiele

Als Goethe den ersten Teil seines *Faust* 1808 in der endgültigen Form veröffentlichte, wählte er als Haupttitel die Formulierung *Faust. Eine Tragödie*, ließ dann – mit jeweils gesonderten Titelblättern – die »Zueignung« und die beiden Vorspiele folgen und schaltete anschließend ein weiteres Titelblatt mit der Formulierung *Der Tragödie erster Theil* ein. Damit war signalisiert, dass die sich anschließende Handlung als Teil eines größeren Ganzen zu betrachten sei. Zudem wurde deutlich, dass sich die »Zueignung« und die beiden Vorspiele auf dieses größere Ganze, nämlich *Faust. Eine Tragödie*, bezogen und nicht als integraler Bestandteil von *Faust I* gelten sollten.

Die drei vorangestellten Texte bilden gleichsam die erste Hälfte eines Rahmens, dessen zweite Hälfte nach Goethes Plan den Schlussakkord von *Faust II* bilden sollte. Durch eine solche Konstruktion wäre der Charakter der Haupthandlung als Spiel im Spiel stark betont worden. Dies lag auch in Goethes Absicht. So heißt es in seinem Aufsatz *Weimarisches Hoftheater* (1802), es sei »höchst nötig«, dem Zuschauer bewusst zu machen, »daß das ganze theatralische Wesen nur ein Spiel sei, über das er, wenn es ihm ästhetisch, ja moralisch nutzen soll, erhoben stehen muß« (zitiert nach Schmidt, S. 47). Nicht zu Unrecht ist daher gerade in neuerer Zeit das Innovative von Goethes Ansatz als Dramatiker hervorgehoben worden, das bereits auf Bertolt Brechts Konzept des epischen Theaters vorausweise. Wie dieser wollte Goethe, dass Dichtung nicht einfach auf dem Wege der Identifikation genossen werden, sondern dass sie zu denken geben solle. In einem späten kurzen Aufsatz mit dem Titel *Über das Lehrgedicht* (1827) schreibt er: »Alle Poesie soll belehrend sein, aber unmerklich; sie soll den Menschen aufmerksam machen, wovon sich zu belehren werth wäre; er muß die Lehre selbst daraus ziehen wie aus dem Leben.« (WA, Band I, 41.2, S. 225)

»Zueignung«

Als Gegenstück zur »Zueignung« entstand, wohl im selben Jahr 1797, ein vierstrophiges Gedicht »Abschied«. Als Pendant zum »Vorspiel auf dem Theater« ist ein kurzer Text von neun Verszeilen mit der Überschrift »Abkündigung« überliefert, der vielleicht nur als Ansatzpunkt für eine breiter ausgeführte Szene gedacht war (vgl. WA, Band 15.1, S. 344f.). Das Gegenstück zum »Prolog im Himmel« ist die Szene »Bergschluchten«, in der nach Fausts Tod »Fausts Unsterbliches« von Engeln gerettet und in eine nicht näher bestimmte höhere Sphäre der Erlösung verbracht wird. Diese Szene bildet im zweiten Teil der Tragödie, der als Goethes letztes großes Alterswerk im Wesentlichen in den Jahren 1825 bis 1831 entstand, den Schlusspunkt der Handlung. So wurde aus dem ursprünglich geplanten Rahmen ein dreifacher Auftakt.

Die »Zueignung« ist in feierlichen Stanzen verfasst, einer aus dem Italienischen stammenden Strophenform, die Goethe »mehrfach für Gedichte über Dichtung verwendet hat« (Schöne, S. 149). Stanzen bestehen aus acht fünfhebigen jambischen (xx́) Verszeilen mit dem Reimschema abababcc. Dadurch eignen sie sich besonders zur Reflexion: In mehrfachem Anlauf bildet sich ein Gedanke heraus, der sich in den beiden Schlusszeilen zu einer ruhigen Betrachtung abrundet. Während in dem italienischen Modell alle Verszeilen unbetont (weiblich) enden, wechselt Goethe jeweils in den ersten sechs Zeilen der vier Strophen zwischen unbetonten und betonten (männlichen) Versausgängen, was zur Gliederung des sich entwickelnden Gedankens beiträgt. Inhaltlich hat das Gedicht einen stark introvertierten Charakter. Der Dichter vermisst die alten Weggefährten, kehrt dem gegenwärtigen Publikum den Rücken zu und begibt sich in den »Innenraum« (Keller, S. 251) seiner Phantasie, um den sich herandrängenden Figuren seiner Dichtung neues Leben einzuhauchen.

»Vorspiel auf dem Theater« | »Prolog im Himmel«

Zu diesem ersten Auftakt bildet das lebhafte Dreiergespräch des »Vorspiels auf dem Theater« einen wirkungsvollen Kontrast. Seine Wirkung ist die einer doppelten Desillusionierung. Nicht nur wird dem Zuschauer ins Bewusstsein gerufen, dass das nachfolgende Stück keinen Ausschnitt aus dem ›wirklichen Leben‹ bietet, sondern ›nur‹ Literatur ist; die Auseinandersetzung und die Argumente der drei Theaterleute zeigen ihm auch, dass der typische Theaterbetrieb kein hehrer Ort, sondern wie jedes andere menschliche Tätigkeitsfeld von Eigensinn und Egoismen beherrscht ist. Zudem wird deutlich, dass vor allem der Direktor und der Dichter keine allzu hohe Meinung vom Publikum haben. Diese Erkenntnis ließe sich als eine dritte Desillusionierung bezeichnen.

Auf die »lebensgeschichtliche und poetologische Selbstreflexion« in der »Zueignung« und die »Erörterung des spannungsreichen Verhältnisses von dichterischem Ideal und Theaterrealität« im »Vorspiel auf dem Theater« folgt als dritter Auftakt »die Exposition des Werkes«, die Offenlegung seiner »ideellen Konzeption« (Schmidt, S. 47). Der »Prolog im Himmel« steht in der alten Tradition des »Theatrum mundi«, des Welttheaters. Sie lässt sich bis zu Platon zurückverfolgen, hat aber ihren theatergeschichtlichen Höhepunkt zunächst im mittelalterlichen Mysterienspiel und dann im spanischen Barocktheater. Pedro Calderón de la Barcas (1600–1681) *El gran teatro del mundo (Das große Welttheater)* gilt als das Musterbeispiel der Gattung. Gott tritt hier als der allmächtige Spielleiter auf, die Menschen sind bloße Spielfiguren in seiner Hand. Dem Spielgeschehen kommt lediglich die Funktion zu, die der Welt auferlegte göttliche Ordnung zu veranschaulichen.

Goethe greift dieses Modell auf, gibt ihm aber einen ganz neuen Sinn. Das zeigt sich schon daran, dass dem »Prolog im Himmel« das »Vorspiel auf dem Theater« vorangestellt ist. Hier präsentieren sich, auf ganz profane Weise, die eigentlichen Herren des theatralischen Spiels. Gott wird so selbst zu einer Spielfigur in der Hand des Dichters. Folgerichtig verliert er seine unbedingte Autorität. Hinzu kommt, dass der Mensch bei Goethe, anders als im barocken Welttheater, nicht mehr ein erlösungsbedürftiger Sünder – als Teil der gefallenen Schöpfung – ist, sondern erlösungsbedürftig allein in Hinsicht auf seinen unstillbaren Drang nach Erkenntnis, Macht, Genuss. Dieser unstillbare Drang wird gleichsam zur neuen Transzendenz (zum Jenseits) in einer säkularisierten (die überkommenen Glaubensvorstellungen abstreifenden) Welt. Anders als in der überlieferten christlichen Transzendenz, in der der Mensch auf das Leben nach dem Tod zulebte und dabei auf den Himmel hoffte und die Hölle fürchtete, fehlt dem intuitiven Wunsch des Menschen, nicht nach Ablauf seiner Lebenszeit spurlos zu vergehen, in der säkularisierten Welt der anbrechenden Moderne das Ziel, an dem er sich orientieren könnte. Dies erklärt sein rastloses Streben oder, in die heutige Situation übersetzt, sein vehementes Verlangen nach Selbstverwirklichung.

Der Mensch soll an Unsterblichkeit glauben, er hat dazu ein Recht, es ist seiner Natur gemäß, und er darf auf religiöse Zusagen bauen; wenn aber der *Philosoph* den Beweis für die Unsterblichkeit unserer Seele aus einer Legende hernehmen will, so ist das sehr schwach und will nicht viel heißen. Die Überzeugung unserer Fortdauer entspringt mir aus dem Begriff der Tätigkeit; denn wenn ich bis an mein Ende rastlos wirke, so ist die Natur verpflichtet, mir eine andere Form des Daseins anzuweisen, wenn die jetzige meinem [sic] Geist nicht ferner auszuhalten vermag.

Johann Peter Eckermann, Gespräche mit Goethe in den letzten Jahren seines Lebens, 4. Februar 1829 (MA, Band 19, S. 278)

Problematik von Fausts Erlösung

»Erscheinung des Erdgeistes«. Bleistiftzeichnung von Goethe mit unsicherer Datierung (1810/12 oder 1819).

»›Wer immer strebend sich bemüht / Den können wir erlösen.‹«, verkünden die Engel in der Schlussszene von *Faust II* (V. 11936 f.). Ob das glaubhaft ist, kann angezweifelt werden; denn Erlösung setzt ja die Bereitschaft voraus, die permanente Anspannung zu lockern, aufnahmebereit zu sein. Unter dieser Voraussetzung steht gerade der immer Strebende seiner Erlösung im Weg. Der harmonisierende Schluss des *Faust* scheint daher der Logik der vorausgegangenen Entwicklung zu widersprechen. Wenn die »Transzendenz«, wie Jochen Schmidt es ausdrückt, im *Faust* »psychologisch zum Phantasma des in der Realität nie zu befriedigenden und folglich ins Unendliche gehenden ›Strebens‹ und Begehrens reduziert«, wenn die menschliche Existenz folglich »nicht als eine zwischen ›Himmel‹ und ›Hölle‹ stehende, sondern als eine *in sich* gespaltene begriffen« (Schmidt, S. 57) wird, so kann Erlösung auch nicht mehr aus dem Jenseits kommen.

»Der Herr« als aufgeklärter absolutistischer Herrscher

Dieser Einwand gilt nicht für das Ende von *Faust I*. Gretchen ist, anders als Faust, noch fest im christlichen Glauben verankert. Daher kann sie auch durch die »Stimme von oben« erlöst werden; und dies bleibt die einzige Stelle, in der Gott in das Geschehen eingreift. Faust überlässt er Mephistopheles und mischt sich nicht ein. Bemerkenswert ist dabei, dass sich zwar Gott mit Faust beschäftigt, Faust für Gott jedoch keinen Gedanken hat (vgl. V. 765). Mephistopheles hält er für einen Abgesandten des Erdgeists (vgl. V. 3217–3246). Auch hierdurch verschieben sich die Akzente gegenüber der Konstellation des barocken Welttheaters: Entscheidend wird nun das innerweltliche Geschehen, das Raum für eskapistische (die Wirklichkeit fliehende) Tendenzen wie die magische Beschwörung der Natur, nicht aber mehr für das christliche Jenseits lässt.

Zu dieser Verschiebung passt, dass der »Prolog im Himmel« Gott als menschenfreundlichen und selbstzufriedenen Herrscher und damit gleichsam als Abziehbild eines dem aufgeklärten Absolutismus zuneigenden Fürsten des ausgehenden 18. Jahrhunderts in Szene setzt. Zugleich verliert das Böse seinen Schrecken. Der Teufel ist kein arger Widersacher, sondern ein nicht ungern geduldeter Schalk, der die Menschen zur Tätigkeit anspornt. Anders als der biblische Gott, der die Bestimmung des Menschen, im Schweiße seines Angesichts zu arbeiten, als Strafe für den Sündenfall verhängte, begrüßt der Herr im *Faust* ganz im Stil eines absolutistischen Herrschers, der vom Fleiß seiner Untertanen lebt, rastloses Schaffen und moniert, dass die Menschen »allzu leicht erschlaffen« (V. 340). Da Faust diese Versuchung so wesensfremd wie möglich ist, gehört ihm die Sympathie des Herrn, auch wenn Faust nicht an ihn glaubt. Das ist eine sehr souveräne, sehr aufgeklärte, überaus tolerante und recht leidenschaftslose Haltung. Mit dieser säkularisierten Konstellation ist die Perspektive auf das folgende Geschehen vorgegeben.

Die Gelehrtentragödie

»Der Tragödie erster Teil« beginnt mit der Gelehrtenhandlung oder Gelehrtentragödie, wie sie meist in der Forschung genannt wird. Die meisten Interpreten vertreten die Auffassung, dass sie mit dem Aufbruch in die Welt am Ende der zweiten Studierzimmerszene zum Abschluss kommt. Man kann aber auch, wie dies Gernot Böhme tut, argumentieren, die Gelehrtentragödie erstrecke sich über das ganze Werk, denn auch in Fausts sogenannter kleiner und großer Weltfahrt, also der Gretchentragödie und den fünf Akten von *Faust II*, komme ja sein Erkenntnisdrang nicht zur Ruhe. Das ist ein berechtigter Hinweis. Offenkundig ist aber auch, dass sich nach der zweiten Studierzimmerszene, in der der Pakt geschlossen wird, das Leben Fausts in grundlegender Weise ändert. Er gibt die Gelehrtenexistenz auf und lässt sich auf die Welt der praktischen Erfahrung ein. Um diese Zäsur und die Zusammengehörigkeit der vorausgehenden Szenen zu betonen, ist es sinnvoll, die *Gelehrtentragödie im engeren Sinne* mit der zweiten Studierzimmerszene enden zu lassen.

Der lange Eingangsmonolog der Szene »Nacht« exponiert Fausts Selbstbezogenheit und Isolation. In der Nacht ist die Welt gleichsam versunken, der Mensch ganz auf sich zurückgeworfen. Faust sitzt aufgewühlt in seiner »engen« Studierstube, umgeben von wissenschaftlichen Büchern, Sammlungen und Gerätschaften (vgl. V. 402–409 und 656–685), die ihm in seinem Drang zu erkennen, »was die Welt / Im Innersten zusammenhält« (V. 382 f.), keine Hilfe sind. Frustriert von seiner unfruchtbaren Gelehrtenexistenz, gekränkt durch sein Unvermögen, dem angemaßten Anspruch der Gottesebenbildlichkeit (vgl. V. 439, 516 und 713) gerecht zu werden – hier spielt das aus der Tradition des Faust-Stoffs entnommene Motiv der »superbia« (vgl. S. 20 dieses Bands) in das ansonsten säkularisierte Geschehen hinein –, versucht Faust in drei

Anläufen, dem Gefühl der Hilflosigkeit und Verzweiflung zu entkommen: Er greift zu einem alchemistischen Buch, in dem er auf das »*Zeichen des Makrokosmus*« (vor V. 430) stößt, ein Schema, das ihm »Kräfte der Natur« zu »enthüllen« scheint (V. 438), und muss nach kurzer Ekstase doch erkennen, dass das Modell keine tiefere Einsicht bietet. Er beschwört den »Erdgeist« und muss erleben, dass er der Erscheinung nicht gewachsen ist (vgl. V. 485), die ihn zudem recht erbarmungslos in seine Schranken weist (vgl. V. 489–498 und 512 f.). Er entdeckt ein Fläschchen mit Gift, aus dem er den Tod schlürfen will, um wenigstens mit heroischer Entschlossenheit »die Pforten aufzureißen, / Vor denen jeder gern vorüberschleicht« (V. 710 f.) – und scheitert, weich gestimmt durch das plötzliche Einsetzen des Ostergeläuts, auch mit diesem Vorsatz. Jede dieser drei Episoden folgt dem gleichen Erregungsmuster: Aus einer Phase depressiven Grübelns reißt sich Faust durch eine willentlich herbeigeführte Ekstase empor, der jedoch der Abschwung, das Scheitern jeweils auf dem Fuße folgt.

Eingelagert in diese drei Episoden ist das Gespräch mit dem Famulus Wagner (V. 522–601), »die erste von drei intermezzoartig eingeschalteten Szenen, die zusammen die Universitätssatire bilden« (Matussek, S. 364). Das Zwischenspiel dient der Auflockerung des ernsten Geschehens, aber auch der Ironisierung von Fausts leidenschaftlichem Pathos bei der Erdgeist-Beschwörung – Wagner glaubt, er habe ein griechisches Trauerspiel vorgetragen (vgl. V. 523) – und ebenso Fausts psychischer Stabilisierung nach der Abfuhr, die ihm der Erdgeist erteilt hat: Dem »trockne[n] Schleicher« (V. 521) Wagner ist er leicht gewachsen und belehrt ihn in überlegener Manier.

Die Szene »Vor dem Tor« fungiert als Kontrapunkt zu der langen Eingangsszene: Statt Nacht herrscht nun Tag, statt Enge Weite, statt Ruhe Bewegung, statt Isolation buntes Treiben des Volks, statt Geisterbeschwörung heiterer Gesang. Mit

»Magier, eine Lichterscheinung mit magischen Zeichen betrachtend«. Radierung (ca. 1652) von Rembrandt Harmensz van Rijn (1606 bis 1669), die Johann Heinrich Lips (vgl. S. 31) als Vorlage für das Titel-Kupfer zu »Faust. Ein Fragment« (1790) diente.

Fausts Osterspaziergang markiert die Szene den Ansatz einer Öffnung hin zur Welt. Jedoch zeigt sich zugleich, wie sehr Faust nach wie vor auf sich fixiert ist. Die Huldigung des Volks nimmt er entgegen, sondert sich dann aber mit seinem Begleiter Wagner schnell wieder von der Menge ab. Hierbei spielt schlechtes Gewissen eine Rolle: Er wird für Wohltaten gepriesen, die aus seiner Sicht eher zynische Menschenexperimente waren (vgl. V. 1022–1055). Doch das noch stärkere Motiv scheint sein Bedürfnis zum Monologisieren zu sein. Es ist so groß, dass ihm Wagner als Adressat seiner sehr persönlichen Bekenntnisse nicht zu gering ist, obwohl er ihn doch verachtet und der Assistent in allen seinen Repliken seine Unfähigkeit offenbart, Fausts inneren Konflikt nachzuempfinden. So zeichnet sich die Szene »Vor dem Tor« letztlich durch eine in sich gegenläufige Tendenz aus: Öffnung hin zur Welt bei gleichzeitiger Betonung von Fausts innerer Isolation.

Zwölf Stunden hier, zwölf Monate dort

Gegen Ende der Szene bricht aus Faust das Bekenntnis heraus, das vielleicht das berühmteste Zitat des an sprichwörtlich gewordenen Wendungen reichen Werks ist: »Zwei Seelen wohnen, ach! in meiner Brust« (V. 1112). Fast unmittelbar nach dieser Klage taucht in der Ferne der schwarze Hund auf, der sich später als der Teufel entpuppt. So wird deutlich, dass Mephistopheles als Verkörperung der anderen, dunklen, triebgesteuerten und destruktiven Seite von Fausts Persönlichkeit betrachtet werden kann. Er ist der Geist, den dieser rief, weil er ihn schon immer in sich trägt. Goethe psychologisiert den Teufel (vgl. Schmidt, S. 42; sowie S. 96 dieses Bands), den er gleichwohl – wie der »Prolog im Himmel« zeigt – auch als eigenständige Figur auftreten lässt. So macht er ihn einerseits für das aufgeklärte Denken der weitgehend säkularisierten Epoche um 1800 akzeptabel und stellt zugleich sicher, dass er als Handlungsträger ein wirklicher Widerpart zu Faust ist, was dramaturgisch von großer Bedeutung ist.

Die beiden umfangreichen Studierzimmerszenen (V. 1178 bis 2072), die auf den Osterspaziergang folgen, zeigen, wie es zum Pakt zwischen Faust und Mephistopheles kommt. »Studierzimmer I« schließt zeitlich direkt an den Osterspaziergang an, der wiederum nur wenige Stunden nach dem Ende der Eingangsszene »Nacht« beginnt, sodass die ersten drei Szenen des Dramas in knapp 12 000 Versen (V. 354–1529) einen Handlungszeitraum von vermutlich kaum zwölf Stunden abdecken. Im Gegensatz dazu ist für die Gretchentragödie eine Handlungszeit von mindestens zehn, tatsächlich aber wohl eher zwölf Monaten anzusetzen – denn erst nach der Szene »Marthens Garten« schlafen Faust und Gretchen miteinander (vgl. V. 3502–3520) und zwischen der »Walpurgisnacht« und der Szene »Trüber Tag. Feld« erfährt Faust, dass Gretchen als bereits abgeurteilte Kindesmörderin im Kerker auf ihre Hinrichtung wartet (vgl. nach V. 4398).

Der Abschluss der Wette markiert den Aufbruch in die Welt. Während Faust sich reisefertig macht, lässt Mephistopheles einem auftretenden »Schüler« (gemeint ist: einem angehenden Studenten) eine zynische Studienberatung zuteilwerden. Diese Schlusspartie von »Studierzimmer II« stellt den zweiten Teil (V. 1868–2050) der Universitätssatire dar, die ihren Abschluss in der Szene »Auerbachs Keller in Leipzig« (V. 2073–2336) findet. Diese ist zugleich die erste Station von Fausts Weltfahrt. Zusammen mit der sich anschließenden Szene »Hexenküche« (V. 2337–2604) bildet sie die Brücke, die von der Gelehrtentragödie zur Gretchentragödie hinüberleitet. Beide Szenen sind turbulent, stehen damit in starkem Kontrast zur bis dahin vorherrschenden Atmosphäre und kündigen bereits die Ausschweifungen und das Hexenwesen der »Walpurgisnacht« an. Die erste hat derben, die zweite fratzenhaften Charakter. Von dem einen wie dem anderen fühlt sich Faust abgestoßen, der sich hier wie dort ablehnend und angewidert im Hintergrund hält. Dennoch lässt er sich in die Sphäre von Mephistopheles hineinziehen, der beide Szenen dominiert.

Während »Auerbachs Keller in Leipzig« noch auf das Universitätsmilieu zurückdeutet, weist die »Hexenküche« auf die Gretchenhandlung voraus. Sie erfüllt insofern eine wichtige dramaturgische Funktion, als Faust hier für seine neue Rolle als Liebhaber präpariert wird. Er wird um »dreißig Jahre« verjüngt (V. 2342, vgl. auch V. 2519–2521), was den Bruch mit seiner ehemaligen Existenz unwiderruflich besiegelt.

Die Gretchentragödie

Mit der Gretchentragödie entfernt sich Goethe weit von der Überlieferung des Faust-Stoffs. Zwar wird in Pfitzers Faust-Buch eine Episode erzählt, die an die Gretchenhandlung erinnert (vgl. S. 24 dieses Bands), doch spielen ›Frauengeschichten‹ in der vom Volksbuch ausgehenden Überlieferung insgesamt eine untergeordnete Rolle und erfüllen lediglich den Zweck, den Weg des Sünders, der der sinnlichen Versuchung nicht widerstehen kann, in die Hölle zu illustrieren. Erst bei Goethe kommt Liebe mit ins Spiel. Erst bei ihm gibt es eine weibliche Figur, die menschliches Interesse weckt.

Die Gretchenhandlung folgt in ihren Grundzügen dem Modell des Bürgerlichen Trauerspiels: Ein Herr von höherem Stande verführt ein Bürgermädchen und stürzt es anschließend durch seine Untreue ins Unglück, was eine schwere Auseinandersetzung mit dem Vater (oder ersatzweise: dem Bruder) des Mädchens als dem Wahrer der Familienehre zur Folge hat. Die bürgerliche Familie beweist in dieser Auseinandersetzung ihre höhere Moral, ohne sich jedoch erfolgreich zur Wehr setzen zu können; denn die Ehre der Verführten ist auch in den Augen ihrer eigenen Angehörigen nicht wiederherzustellen.

Im *Faust* handelt es sich bei dem Verführer nicht um einen adligen Herrn, sondern ebenfalls um einen Bürgerlichen, auch wenn der soziale Abstand zwischen Faust und Gretchen – der zumindest in der Wahrnehmung der beiden Liebenden existiert – deutlich markiert ist (vgl. etwa V. 2678–2683, 2790–2804, 2874–2878, 3073–3078 und 3211–3216). Zur Zielscheibe der Kritik wird damit nicht die zynische Amoralität der Adelswelt und Fürstenhäuser, sondern die engherzige Sittenstrenge und Bigotterie des Bürgertums selbst. Diese gesellschaftskritische Tendenz ist im *Urfaust* besonders stark ausgeprägt. In der Endfassung tritt sie durch die Einfügung der Szenen »Wald und Höhle« (bereits in der Zwischenfassung von 1790) und »Walpurgisnacht« etwas zurück, ohne dabei jedoch viel von ihrer Eindringlichkeit einzubüßen. Allerdings sorgen die beiden hinzugefügten Szenen dafür, dass Faust nun auch in der Gretchenhandlung stärker im Vordergrund steht.

Die Gretchenhandlung besteht aus vielen, oft kurzen Szenen. Die äußere Handlung ereignet sich hinter der Bühne, zwischen den Szenen. Vom Tod der Mutter, von Gretchens Schwangerschaft, der Tötung des Kindes, der Verhaftung und Verurteilung der Mörderin erfährt der Zuschauer lediglich, teils mit großer Verspätung, aus den Gesprächen und Selbstgesprächen der Hauptpersonen. Abgesehen vom Tod Valentins, der auf offener Bühne im Zweikampf mit Faust fällt, »ist fast alles Stimmung und inneres Geschehen: aufkeimende Liebe, Bangigkeit, Gebete, Lieder, atmosphärisch aufgeladene Interieur-Szenen, vom Selbstgespräch in der Kammer über die Gewissensbisse in der Dom-Szene bis zum halbirren […] Gesang im Kerker« (Schmidt, S. 160).

Das Geschehen vollzieht sich in drei Phasen: 1. *der Verführung*, die mit Gretchens Einwilligung, der Mutter ein Schlafmittel zu verabreichen, um die ersehnte erste Liebesnacht zu ermöglichen, zum Abschluss kommt (vgl. V. 3502–3520); 2. Gretchens *innerer Bedrängnis*, die einsetzt, nachdem sie schwanger geworden ist, und ihrer *Ächtung durch die Gesellschaft*, als sie ihren Zustand nicht länger verbergen kann (Szene »Am Brunnen« bis Szene »Dom«); 3. Gretchens *bevorstehender Hinrichtung*, die Gegenstand der letzten drei Szenen ist (»Trüber Tag. Feld«, »Nacht. Offen Feld« und »Kerker«).

Eingeschoben zwischen die zweite und dritte Phase ist als längeres Zwischenspiel die »Walpurgisnacht« (mit dem Anhängsel »Walpurgisnachtstraum«): Sie vermittelt erstens ein Gefühl für die Zeit, die verstreichen muss, bis Gretchen ihr Kind bekommen, töten und nach der Tat aufgegriffen sowie dafür verurteilt werden kann. Sie zeigt zweitens, wie Faust sich schuldig macht, indem er Gretchen im Stich und seinem Sexualtrieb freien Lauf lässt. Drittens bietet sie mit Fausts Vision von Gretchen eine Vorausdeutung auf deren Schicksal und einen Hinweis auf Fausts schlechtes Gewissen.

»Wald und Höhle«

Die Szene »Wald und Höhle«, die in der Endfassung etwa in der Mitte der Gretchenhandlung platziert ist, bildet – das signalisiert bereits der Schauplatz – einen Moment der inneren Einkehr. Fausts große Selbstreflexion, mit der die Szene beginnt, ist als Anrede an den Erdgeist gestaltet. Auf diese Weise wird die Kontinuität der Problemstellungen unterstrichen. Faust erscheint hier wieder stärker als Repräsentant des strebenden, aber notwendig irrenden, des an der Begrenztheit seiner Erkenntnis- und Erlebnisfähigkeit leidenden Menschen: »O dass dem Menschen nichts Vollkommnes wird, / Empfind ich nun. [...]« (V. 3240 f.) Diese Betonung des allgemeinmenschlichen Gehalts des Dramas entspricht den Gestaltungsabsichten des ›klassischen‹ Goethe der nachitalienischen Jahre.

Die Schlusspassage der Szene – Fausts Selbstvorwurf im Zwiegespräch mit Mephistopheles, er habe den Frieden Gretchens untergraben, und sein grausiger Entschluss, der Hölle das von ihr verlangte Opfer zu bringen (vgl. V. 3360–3365) – findet sich bereits im *Urfaust*. Sie ist dort jedoch an anderer Stelle platziert (vgl. *Urfaust*, V. 1411–1431), in der Szene »Nacht«, in der Gretchens Bruder Valentin Klage über seine Schwester führt, es aber noch nicht – wie in der Endfassung – zu der Konfrontation zwischen Valentin und Gretchens Verführer, zu Valentins tödlicher Verwundung und seiner öffentlichen Verwünschung Gretchens kommt. In der Zwischenfassung (*Faust. Ein Fragment*, 1790) sind diese Verse bereits Teil der neu konzipierten Szene »Wald und Höhle«, die hier zwischen den Szenen »Am Brunnen« und »Zwinger« platziert ist. In der Endfassung rückte Goethe sie weiter nach vorne, zwischen die Szenen »Ein Gartenhäuschen« und »Gretchens Stube«. Diese Umstellung wird von den meisten Interpreten des Stücks als problematisch, als psychologisch nicht recht nachvollziehbar empfunden, denn anders als im *Urfaust* und in der *Fragment*-Fassung geht die Szene nun der Liebesnacht voraus. Betrachtet man deren Anbahnung am Ende der Szene »Marthens Garten«, die mit dem sogenannten Religionsgespräch als sehr innigem, von gegenseitiger Liebe und Schonung zeugenden Zwiegespräch einsetzt und mit Gretchens folgendem Geständnis ihrer Abscheu vor Fausts ständigem Begleiter Mephistopheles zudem einen starken Appell an Fausts Gewissen enthält, so erscheint es allerdings als außerordentlich skrupellos, dass Faust Gretchen dennoch drängt, der Mutter das vermeintliche Schlafmittel zu verabreichen. Durch die Platzierung von »Wald und Höhle« mit dem aus existenzieller Verzweiflung und Abscheu vor sich selbst geborenen Entschluss, sich zum Helfershelfer der Hölle zu machen und Gretchen mit in den Abgrund zu reißen, vor der Szene »Marthens Garten« erhält Fausts Verhalten dort etwas außerordentlich Grausames und Vorsätzliches. Aber vielleicht war es ja Goethe durchaus darum zu tun, Fausts Schuld in dieser Weise zu verschärfen. Was in der Platzierung der Passage im *Urfaust* und in der *Fragment*-Fassung lediglich pathetische Klage und nachträglicher Selbstvorwurf ist, wird durch die Umstellung zu einer bewusst begangenen bösen Tat, die auch hätte vermieden werden können. Fausts Flucht in die Einsamkeit nach dem ersten Kuss in der Szene »Ein Gartenhäuschen« ließe sich dann als redlicher Versuch werten, die böse Tat zu vermeiden. Dazu passt auch die Abscheu, mit der Faust auf Mephistopheles' Stichelreden, auf sein Drängen reagiert, zu dem Liebchen zu gehen, das sich nach ihm verzehre: »Schlange! Schlange! […] / Verruchter! hebe dich von hinnen, / Und nenne nicht das schöne Weib! / Bring die Begier zu ihrem süßen Leib / Nicht wieder vor die halb verrückten Sinnen!« (V. 3324–3329) Diese Verse zeigen, dass in Faust ein heftiger Kampf zwischen seinem Wunsch, Gretchen zu verschonen, und seinen aufgewühlten Trieben tobt. Mephistopheles verkörpert nur das Böse, das in ihm wühlt.

Die in der Endfassung vorgenommene Platzierung der Szene »Wald und Höhle« vor der verhängnisvollen Liebesnacht fügt sich demnach, gegen manche Bedenken der Forschung, überzeugend in den Handlungsverlauf ein. Sie ist aber auch noch aus einem anderen, in der Forschung unumstrittenen Grund sinnvoll: Auf diese Weise steht sie unmittelbar vor der kurzen Szene »Gretchens Stube«, in der Gretchen ihre Gefühlslage offenbart. Gemeinsam bilden »Wald und Höhle« und »Gretchens Stube« in der Mitte der Gretchentragödie eine Zäsur, eine doppelte innere Einkehr, dramaturgisch gesehen auch eine Art retardierendes Moment (denn noch ist ja ›nichts geschehen‹) vor der dann schnell folgenden Liebesnacht, die den Umkehrpunkt der Handlung, ihre Wendung hin zur Katastrophe markiert. Die innere Zusammengehörigkeit beider Szenen wird auch durch diskrete Signale unterstrichen: So bezeichnet sich Faust als »Unmensch ohne Zweck und Ruh« (V. 3349), während Gretchens Monolog mit der refrainartig verwendeten Zeile einsetzt: »Meine Ruh ist hin« (V. 3374).

Umrahmt werden diese beiden Szenen von zwei Gartenszenen (»Garten« mit »Ein Gartenhäuschen« sowie »Marthens Garten«). In der christlichen Tradition symbolisiert der Garten sowohl die Keuschheit und Unschuld (vgl. das mittelalterliche Motiv des »hortus conclusus«, des geschlossenen, geschützten Gartens der Jungfrau Maria) wie auch, im Paradiesgarten, die Verführung und den Sündenfall. In dieser Doppeldeutigkeit, dieser Ambivalenz, spiegelt sich Fausts Schwanken zwischen reiner, Gretchens Situation berücksichtigender Zuneigung und rücksichtslosem sinnlichen Trieb.

Dieses Schwanken strukturiert von Anfang an die Gretchenhandlung: Gleich nach der ersten kurzen Begegnung auf der Straße, bei der Gretchen ihn ebenso sittsam wie schlagfertig hat abblitzen lassen, stellt Faust zunächst entzückt fest: »Beim Himmel, dieses Kind ist schön! / [...] Wie sie die Augen nie-

Sven Lehmann (Mephistopheles), Regine Zimmermann (Gretchen) und Ingo Hülsmann (Faust) am Deutschen Theater Berlin (2004).

derschlägt, / Hat tief sich in mein Herz geprägt; / Wie sie kurz angebunden war, / Das ist nun zum Entzücken gar!« (V. 2609 und 2615–2618) Im nächsten Moment aber folgen der brutale Befehl »Hör, du musst mir die Dirne schaffen!« (V. 2619) und die zynische Bemerkung »Ist über vierzehn Jahr doch alt.« (V. 2627) Der Befehl richtet sich an Mephistopheles, der Faust in dieser Situation keineswegs aufgestachelt hat; er ist nur, zwischen dem gerührten Ausruf in Vers 2618 und der gefühllosen Anweisung in Vers 2619, aufgetreten. Die Stelle zeigt damit besonders eindrücklich, was sich auch an anderen Stellen des Dramas beobachten lässt: Mephistopheles' Erscheinen ist oft »nichts anderes als das Hervortreten des anderen Teils in Fausts ambivalentem Wesen« (Schmidt, S. 159).

Gretchens innere Bedrängnis und ihre öffentliche Ächtung sind in einer Folge eindringlicher Szenen geschildert, die sich von erster, noch heimlicher Bestürzung angesichts der unbarmherzigen Kommentare einer Freundin über ein anderes

›gefallenes Mädchen‹ (»Am Brunnen«) über das verzweifelte einsame Bittgebet vor dem Andachtsbild der heiligen Mutter Gottes (»Zwinger«) und die öffentliche Bloßstellung und Verfluchung durch den sterbenden Bruder (»Nacht«) bis hin zum Zusammenbruch in der Kirche (»Dom«) steigern. In den beiden letztgenannten Szenen folgt somit auf den »Terror der Bürgermoral« der »Terror der Kirchenmoral« (Schmidt, S. 161). Hier enthält die die Leidenschaften eher dämpfende Endfassung gegenüber den Vorfassungen eine *inhaltliche* Verschärfung, da nun anhand von Valentins öffentlicher Schmähung der Schwester die grausamen gesellschaftlichen Mechanismen, die das Schicksal ›gefallener Mädchen‹ besiegelten (vgl. S. 9 f. dieses Bands), unmissverständlich deutlich werden.

Metrische Vielfalt

Mit Blick auf die szenische Bildlichkeit im *Faust* hat Werner Keller erklärt, Goethe habe in seinem Drama »die Totalität der Welt darstellen« wollen (Keller, S. 277; vgl. etwa den Gegensatz zwischen der sexuell aufgeladenen Gebirgslandschaft der »Walpurgisnacht« und den Szenen im eingehegten Garten). Diese Feststellung lässt sich auch auf die Fülle der Versformen beziehen, die Goethe in seiner Dichtung verwendet. Zwar ist es in der abendländischen Geschichte des Dramas, die weitgehend eine Geschichte des Versdramas ist, eher die Regel, dass bestimmte Passagen durch eine abweichende sprachliche Gestaltung vom Grundmetrum abgesetzt werden – man denke etwa an die Chorpartien in der griechischen Tragödie oder den Wechsel zwischen Blankvers und Prosa bei Shakespeare. Ein solcher Formenreichtum wie im *Faust* ist aber, auch in Goethes eigenem Dramenwerk, etwas ganz Ungewöhnliches; allenfalls im spanischen Barocktheater und später in manchen Stücken der Romantiker bietet sich ein vergleichbares Bild. Was aber auch im Vergleich mit diesen

Dramen »den *Faust* so einzigartig in der deutschen wie in der Weltliteratur macht, ist die formvollendet-kunstvolle Art, in der Goethe unterschiedliche Versmaße mit den ihnen eigenen Traditionen, den mit ihnen verbundenen Assoziationen und psychologischen Wirkungsmöglichkeiten funktional einsetzt« (Ciupke, S. 19). Dieses sinnreiche Spiel wird besonders in Albrecht Schönes *Faust*-Kommentar an vielen Stellen auf erhellende Weise erläutert. Auf diesen Kommentar sowie auf das Buch *Des Geklimpers vielverworrner Töne Rausch. Die metrische Gestaltung in Goethes »Faust«* (1994) von Markus Ciupke – einem Schüler von Schöne, der an dessen *Faust*-Kommentar mitgearbeitet hat – stützen sich die folgenden Hinweise.

Die Versart, die in *Faust I* – und übrigens auch in dem metrisch noch bewusster durchgestalteten zweiten Teil der Tragödie – am häufigsten zum Einsatz kommt, ist mit 2642 von insgesamt 4612 Versen der *Madrigalvers* (vgl. Ciupke, S. 234). Er stammt aus dem Italienischen, wo er als Versmaß für Gedichte und Singspiele verwendet wurde, und hatte sich im 17. Jahrhundert auch in Deutschland als Metrum für gesungene Lyrik eingebürgert. Goethe betrat jedoch Neuland, indem er ihn zum Grundmetrum eines Dramas machte. Die wesentlichen Kennzeichen des Madrigalverses sind die freie Reim-

---

Wir haben auch in diesen Tagen Gelegenheit gehabt manches abzuhandeln über das was in irgend einer prosodischen [metrischen] Form geht und nicht geht. Es ist wirklich beynahe magisch daß etwas, was in dem einen Sylbenmaße noch ganz gut und charakteristisch ist, in einem andern leer und unerträglich scheint.

Goethe am 6. Juni 1797, also wenige Wochen nach Wiederaufnahme der Arbeit am »Faust«, an seinen Hausgenossen, den Schweizer Maler und Kunsthistoriker Johann Heinrich Meyer (WA, Band IV, 12, S. 143 f.)

stellung, die Zweisilbigkeit der Versfüße (meist in der jambischen Form, also in der Abfolge unbetont – betont beziehungsweise Senkung – Hebung) und die freie Zahl der Versfüße beziehungsweise Hebungen in einer Verszeile; drei- bis fünfhebige Verszeilen bilden allerdings die Regel. Goethe verwendet jambische Verse mit meist vier bis sechs, zuweilen aber auch nur zwei oder drei Hebungen (vgl. etwa V. 2011–2014 oder 2023–2026) und erlaubt sich ab und zu auch die Freiheit doppelter Senkungen (vgl. etwa V. 451 und 457). Der Madrigalvers dient ihm vor allem als Metrum für Gespräche, die durch die unterschiedlich langen Verszeilen lebhaft und natürlich wirken und – etwa im Gegensatz zur gleichförmigen Wirkung des Blankverses (des fünfhebigen, reimlosen Jambus), des Dramenverses der Weimarer Klassik – den Ausdruck wechselnder Emotionen begünstigen. Es ist vor allem Mephistopheles, der in seinen Reden den flexiblen Madrigalvers bevorzugt.

An zweiter Stelle sind die *Freien Verse* zu nennen, die zum Einsatz kommen, wenn es um subjektive Empfindungen und innerste Gefühle geht. Was unter Freien Versen zu verstehen ist, darüber gibt es in der Literaturwissenschaft verschiedene Auffassungen. Ciupke grenzt sie von den pathetischen *Freien Rhythmen* ab, rhythmisch stilisierter und in Versen umbrochener Prosa in oft hymnischer Tonlage, in der Goethe seine bekannten Sturm und Drang-Hymnen wie *Wandrers Sturmlied*, *Prometheus* oder *An Schwager Kronos* schrieb und die auch im *Faust* vereinzelt vorkommen (vgl. etwa V. 3191–3194; Ciupke zählt insgesamt 55 Verse in Freien Rhythmen). Für Ciupke unterscheiden sich die Freien Verse von den Freien Rhythmen entweder durch einen geregelten, gewöhnlich alternierenden, Versgang oder durch die Beibehaltung des Reims. Er zählt 527 *gereimte* und 66 *ungereimte Freie Verse*. Die gereimten (vgl. etwa V. 2805 f.) ähneln durch die freie Zahl der Senkungen stark den Freien Rhythmen, während die ungereimten (vgl.

etwa V. 3188–3190) sich vom Madrigalvers nur durch ihre Reimlosigkeit unterscheiden. Wohl aus diesem Grund finden sie im *Faust* nur selten Verwendung.

Fausts berühmter Eingangsmonolog ist in sogenannten *Knittelversen* verfasst, der mit 389 Versen dritthäufigsten Versart des Stücks. Der Knittelvers ist ein »Versmaß deutscher Herkunft« und das wichtigste Metrum »für epische und dramatische Dichtung im 15. und 16. Jahrhundert, also auch zu Lebzeiten des historischen Dr. Faust« (Ciupke, S. 286). Goethe nimmt sich einige kleinere Freiheiten. Sein Knittelvers ist – in Übereinstimmung mit dem überlieferten freien Knittelvers, von dem ein strenger Knittelvers unterschieden wird, bei dem die Silben gezählt werden – vierhebig bei freier Senkungsfüllung. Den im historischen Vorbild (sowohl in der freien wie in der strengen Form) vorgeschriebenen Paarreim als Reimschema übernimmt Goethe meistens, ohne sich aber sklavisch daran gebunden zu fühlen.

Der Knittelvers sorgt für ›altdeutsche‹ Atmosphäre, so zu Beginn der Eröffnungsszene »Nacht« (V. 354–385), am Anfang des Auftritts des »Schülers« (V. 1868–1963), zu Beginn von »Auerbachs Keller in Leipzig« (V. 2073–2080) und in vielen Situationen der Gretchenhandlung: in den Szenen »Straße« (V. 2605–2673), »Abend« (V. 2678–2683 und 2753–2758), »Spaziergang« (V. 2813–2848), »Der Nachbarin Haus« (V. 2865–2884 und 2895–2922), »Ein Gartenhäuschen« (V. 3211–3216) und »Nacht« (V. 3620–3649, 3666–3681 und 3750–3769). Auch in die »Walpurgisnacht« sind einzelne Knittelverse eingestreut (vgl. V. 3962 f., 3986–3989 und 4004–4007).

Im Eingangsmonolog Fausts werden die Knittelverse ab Vers 386 von jambisch alternierenden Vierhebern abgelöst, wodurch ein Stimmungswechsel angezeigt wird: Der in derben einfachen Worten zum Ausdruck gebrachte Verdruss über das freud- und fruchtlose Dasein als Hochschullehrer geht in eine wehmütige lyrische Klage über: »O sähst du, voller Mondenschein, / [...]«. Ab Vers 402 erfährt diese Tendenz durch die Aufgabe des Paarreims und den Übergang zu freier Reimbildung eine zusätzliche Verstärkung; auch greift nun der bis dahin überwiegend parataktische Satzbau »in weite hypotaktische Konstruktionen aus« (Schöne, S. 212). Eine neue Stufe in Fausts innerer Verfassung ist erreicht, als er das alchemistische Buch aufschlägt und das Zeichen des Makrokosmos erblickt. Entsprechend wechselt abermals das Metrum: Fausts Rede geht in lebhafte Madrigalverse über (bis V. 467). Als sich dann das Erscheinen des Erdgeists ankündigt, findet Fausts Erregung in ungereimten Freien Versen ihren angemessenen Ausdruck (V. 468–476). Die Konfrontation mit dem Erdgeist endet für Fausts Selbstgefühl niederschmetternd. »FAUST *zusammenstürzend*« heißt es in der zugehörigen Regieanweisung (zu V. 514). Dieser Zusammenbruch wird auch sprachlich gestaltet: Der »Halt« »der Reimbindung« und »einer metrischen Regelung« geht verloren (Schöne, S. 219), für vier Verse drückt sich Fausts Fassungslosigkeit in Freien Rhythmen aus (V. 514–517).

In der revueartigen Massenszene »Vor dem Tor« – die strukturell manche Gemeinsamkeit mit der inhaltlich so entgegengesetzten Szene »Walpurgisnacht« besitzt – hebt sich Fausts Monolog von den Madrigalversen der wiedergegebenen Gesprächsfetzen und den Liedern ab (einem vierhebigen jambischen Kreuzreim in V. 852–859, freirhythmisch-daktylischen Singspielversen in den beiden ungleichen Liedstrophen von V. 884–902 sowie vier jambischen Liedstrophen mit Schweifreim in V. 949–980): Seine vierhebigen Verse mit freier Reimstellung weisen zahlreiche daktylische Versfüße (xxx) auf, was der ruhigen Betrachtung Schwung verleiht, in dem Fausts Anteilnahme am Aufsprießen der Natur und des menschlichen Lebens nach einem langen Winter spürbar wird.

Fausts Erregung und schwankende Gemütslage nach dem Abschluss der Wette (V. 1741–1759) wird durch einen kurzatmigen Wechsel der Versarten veranschaulicht: Die gesprächsüblichen Madrigalverse (V. 1741–1747) gehen in Knittelverse über (V. 1748–1753), wenn auch inhaltlich wieder auf Fausts Ekel gegenüber seiner Gelehrtenexistenz Bezug genommen wird. Vers 1754 ist eine isolierte vierhebige Verszeile, die Fausts Vorsatz, sich »in das Rauschen der Zeit« zu stürzen, durch ihr lebhaftes daktylisches Metrum unterstreicht. Zum Abschluss folgen, auf dem Höhepunkt der Erregung, gereimte Freie Verse, die Mephistopheles gleichsam ironisch zu kommentieren scheint, wenn er, den gelassenen Gesprächston des Madrigalverses wiederaufnehmend, bemerkt: »Euch ist kein Maß und Ziel gesetzt.« (V. 1760)

Wenn es seinen Absichten dient, versteht es Mephistopheles allerdings auch, sich chamäleonartig dem Tonfall seines jeweiligen Gesprächspartners anzupassen, wie das Gespräch mit dem Schüler zeigt (vgl. V. 1868–2048).

Brandners derbes Rattenlied in der Szene »Auerbachs Keller in Leipzig« spielt nicht nur auf den Reformator Luther an, den Zeitgenossen des historischen Faustus (vgl. S. 19 f. dieses Bands), sondern ist auch in sogenannten *Lutherstrophen* verfasst. Sie bestehen aus sieben Verszeilen, von denen die Verse 1, 3, 5 und 6 vierhebig mit männlichem Ausgang und die Verse 2, 4, und 7 dreihebig mit weiblichem Ausgang sind. Das Reimschema lautet: a b a b c c d. Luther fand diese Strophenform im Volkslied und übernahm sie für einige seiner frühen evangelischen Gemeindelieder. So kann Brandner sein Lied mit Recht als ein »Lied vom neusten Schnitt« (V. 2124) ankündigen.

Das Flohlied, das Mephistopheles in derselben Szene zum Besten gibt, folgt dagegen dem formalen Muster der sogenannten *Hildebrandsstrophe* aus der spätmittelalterlichen Heldenepik, »die im späteren 18. Jh. häufig für heiter-gesellige

Lieder benutzt wurde« (Schöne, S. 280). Sie besteht aus acht dreihebigen Versen mit wechselnd weiblichem und männlichem Ausgang und Kreuzreimen. Die Ballade vom »König in Thule«, die Gretchen singt (vgl. V. 2759–2782), setzt sich der Form nach aus sechs *halben Hildebrandsstrophen* zusammen, wie sie im Volkslied vielfach bezeugt ist.

Am Ende der ersten Szene der Gretchenhandlung fordert Faust von Mephistopheles, ein kostbares Geschenk für das Mädchen zu beschaffen, das er erobern will (vgl. V. 2673). Mephistopheles fällt in seiner Reaktion – »Gleich schenken? Das ist brav! Da wird er reüssieren!« (V. 2674) – ironisch in die aus dem Französischen stammende Versart des *Alexandriners* (des sechshebigen Jambus mit Mittelzäsur) und spricht nun, was auch die Wortwahl (»reüssieren«) zeigt, selbst »schon fast wie ein Franzos« (V. 2645), also als skrupelloser Schürzenjäger, als den er zuvor spöttisch Faust bezeichnet hat (vgl. V. 2628).

Als Gretchen das Schmuckkästchen entdeckt, fällt sie intuitiv in die Sprechweise von Faust und Mephistopheles (Madrigalverse, vgl. V. 2684–2752 in der gleichen Szene), während sie sich zuvor in einfachen Knittelversen ausgedrückt hat (vgl. V. 2607 f., 2678–2683 und 2753–2758). Zu Beginn der Szene »Garten«, in der es zum ersten richtigen Gespräch zwischen Gretchen und Faust kommt – welches dann gleich in das Liebesgeständnis mündet –, bemüht sich Gretchen, innerlich gehemmt, um eine gewählte Sprache (vgl. etwa V. 3081: »Inkommodiert Euch nicht!«). Erst als sie von ihrem Leben zu erzählen beginnt und vollends dann im Blumenorakel findet sie zu ihrem persönlichen Ton zurück. Faust wiederum lässt sich durch das treuherzige Blumenorakel zu einem Gefühlsausbruch hinreißen, dessen Erregtheit in ungereimten Freien Versen zum Ausdruck kommt (V. 3184–3190), die zuletzt sogar in Freie Rhythmen übergehen (V. 3191–3194; der letzte siebensilbige Vers muss fünf starke Akzente aushalten).

Die Sonderstellung von Fausts feierlich-bilanzierendem Monolog zu Beginn der Szene »Wald und Höhle« wird dadurch unterstrichen, dass nur an dieser Stelle von *Faust I* der Blankvers, die Versform der klassischen Dramen Schillers und Goethes, Verwendung findet. Hier tritt Faust deutlicher als irgendwo sonst in *Faust I* als Repräsentant der Gattung Mensch in Erscheinung, wie es den künstlerischen Absichten Goethes und Schillers in ihrer klassischen Phase entspricht.

Auffällig im *Faust* sind die zahlreichen »lyrischen Einlagen«, unter denen sich auch viele Lieder und Chöre befinden, die, so Schöne, offenkundig »zum Gesang bestimmt« seien. »Über weite Strecken hin nimmt die *Faust*-Dichtung geradezu Singspielcharakter an, ist als Oratorium angelegt, nähert sich der Oper« (Schöne, S. 19). Nach Hans Joachim Kreutzers Berechnung seien fast 19 Prozent von *Faust I* und 24 Prozent von *Faust II* »in irgendeiner Form mit Musik gedacht« (*Faust. Mythos und Musik.* München 2003, S. 61). Das gilt aber wohl nicht für Gretchens lyrisches Selbstgespräch in der Szene »Gretchens Stube« (V. 3374–3413). Die zehn zweihebigen jambischen Vierzeiler sind oft vertont worden. Doch legt die Situation nahe, dass es sich hier um einen gesprochenen Text handelt, dessen Rhythmus dem Takt des Spinnrads folgt. Die Monotonie der Handarbeit und die innere Unruhe der Sprecherin überlagern sich dabei auf spannungsreiche Weise, wie Peter Michelsen in einem der Szene gewidmeten Aufsatz aus dem Jahre 1989 gezeigt hat (vgl. Schöne, S. 320). Im Mittelteil (vgl. V. 3392–3399) finden sich Anklänge an das alttestamentarische *Hohelied Salomos*, von dem Goethe 1775 eine eigene Übersetzung angefertigt hat und auf das auch an weiteren Stellen des Dramas Bezug genommen wird (vgl. V. 3187, 3336 f., 4128–4135, 4435, 4461 und 4469).

Im Religionsgespräch (»Marthens Garten«) reagiert Gretchen auf Fausts in Freien Rhythmen vorgetragenes sprach-

»Marthens Garten« | »Am Brunnen« | »Zwinger«

mächtiges Credo (religiöses Selbstbekenntnis, vgl. V. 3432 bis 3458) mit verhalteneren gereimten Freien Versen, die Faust im Verlauf des weiteren Gesprächs aufnimmt (V. 3459–3501). Dass sie dennoch auf die Worte des Geliebten eingeht, zeigt sich nicht nur in ihrer Replik (V. 3459–3461), sondern auch – sehr diskret – daran, dass sie die letzten beiden Verszeilen von Fausts Credo in den beiden folgenden Zeilen zu einem sogenannten umarmenden Reim ergänzt (a b b a, vgl. V. 3457–3460). Als Gretchen anschließend davon spricht, wie unheimlich ihr Mephistopheles ist, dauern die Freien Verse fort. Das weist darauf hin, dass dieser Gesprächsteil noch durch Gretchens Angst um ihr Seelenheil und das ihres Geliebten bestimmt ist. Erst als die irdischen Wünsche und Sorgen sich wieder in den Vordergrund drängen (ab V. 3502), wird der Madrigalvers wiederaufgenommen, der bereits den Szeneneingang bestimmte (vgl. V. 3414–3431).

In der Szene »Am Brunnen« hebt sich Gretchens einsames Selbstgespräch auf dem Nachhauseweg (vierhebige jambische Paarreime, V. 3577–3586) von dem vorangegangenen selbstgefälligen Geplapper Lieschens in gereimten Freien Versen ab. Gretchens Verstörung und Hilflosigkeit angesichts der Reden der Freundin kommt in ihren einsilbigen Gesprächsbeiträgen zum Ausdruck, besonders in den Verszeilen 3550 (»Ach!«) und 3570 (»Er nimmt sie gewiss zu seiner Frau.«), den einzigen Versen des Stücks, die aus jeglicher metrischer Ordnung fallen.

Auch in der folgenden Szene »Zwinger« hält Gretchens Verstörung an. Das zeigt sich schon daran, dass von den acht Strophen ihres Bittgebets in gereimten Freien Versen keine äußerlich den anderen gleicht.

Hans Arens hat in seinem Kommentar zu *Faust I* (Heidelberg 1982, dort S. 346 f.) darauf hingewiesen, dass Valentins Monolog zu Beginn der Szene »Nacht« durch »linkische Wortstellungen, verfehlte Satzbaupläne« und »schwankende Tempora« (Schöne, S. 334) wie die Rede eines Betrunkenen wirke. Das könnte auch erklären, warum er später Mephistopheles so lange gewähren lässt und im Zweikampf mit Faust (dem allerdings der Teufel den Degen führt) so schnell unterliegt.

Die Szene »Dom« lebt in metrischer Hinsicht vom Kontrast zwischen den ungereimten Freien Versen sehr ungleicher Länge, die Gretchens fehlenden inneren Halt in ihrer Konfrontation mit dem BÖSE[N] GEIST bezeugen, und den unerbittlich festgefügten, auftaktlosen Versen aus der lateinischen Totenmesse, die für eine religiöse Gemeinschaft stehen, die gegenüber ›gefallenen Mädchen‹ kein Verzeihen kennt.

»Trüber Tag. Feld« ist die einzige Prosaszene des Dramas. Nur hier hat Goethe den wilden Sturm und Drang-Duktus des *Urfaust* unbereinigt übernommen. Ellipsen, Interjektionen (Ausrufe) und eine Vielzahl von Ausrufezeichen beherrschen das Bild und markieren nach den spielerischen Dilettantenversen (vgl. V. 4217) des »Walpurgisnachtstraums« nicht nur einen vollständigen Wechsel der Tonlage, sondern auch des Ausdrucksgehalts.

Ob die Umformung der Schlussszene »Kerker« in gereimte Freie Verse gegenüber der Prosafassung des *Urfaust* in der Summe einen künstlerischen Gewinn oder Verlust bedeutet, darüber herrscht in der *Faust*-Forschung Uneinigkeit. Den Kritikern erscheint in der Endfassung – im Vergleich zur frühen Fassung – manches zu matt und an anderer Stelle zu breit, zu deklamatorisch. Aber auch in der Versfassung ist die Wirkung der Szene groß. Die metrische Gestaltung ist wieder sorgfältig differenziert: Faust spricht überwiegend in jambisch-alternierenden, also regelmäßig-beherrschten Versen, während Gretchens schwankender Zustand zwischen Wahn und hellsichtigen Momenten in ganz unterschiedlich langen, unregelmäßigen Versen abgebildet ist, die gegen Ende immer häufiger reimlos bleiben.

2 Figuren

Faust

Faust gibt dem Drama seinen Namen. Er ist nicht nur die Hauptfigur der Handlung. Das ganze Werk handelt von ihm. In dieser Hinsicht gleicht Goethes berühmtestes Drama seinen anderen bekannteren Stücken – *Götz von Berlichingen* (1773), *Clavigo* (1774), *Iphigenie auf Tauris* (1787), *Egmont* (1788) und *Torquato Tasso* (1790) – und ebenso dem berühmten Erstlingsroman *Die Leiden des jungen Werthers* (1774). Diese Konzentration auf den einzelnen Menschen kann auf den ersten Blick überraschen, wenn man sich die Breite der Bildung und Welterfahrung Goethes, sein unerschöpfliches Interesse an der Natur und an der Kunst verschiedenster Epochen und Kulturen vergegenwärtigt. Goethe war das Gegenteil eines unaufgeschlossenen, nur auf sich selbst fixierten Menschen. Aber er sah auch nicht von sich ab: Er nahm die Welt in sich hinein und wollte sich an die Welt verströmen. Er scheute sich nicht, der Natur, die er als Erscheinungsform des Göttlichen verehrte, gewissermaßen von Gleich zu Gleich gegenüberzutreten. Dabei stieß er immer wieder an Grenzen: Er merkte, dass die Natur stärker war als er, dass sie Geheimnisse besitzt, die er nicht zu entschlüsseln vermochte. Solche Erfahrungen des Scheiterns nahm er jedoch hin, ohne dass sie sein Selbstgefühl beeinträchtigten. Dieses Selbstbewusstsein resultierte aus der Familienkonstellation (als ältestes Kind war er der, in den alles investiert wurde, zumal zwei jüngere Brüder wie auch zwei jüngere Schwestern die ersten Kinderjahre nicht überlebten), vor allem aber aus seiner besonderen Begabung, seinem Genie. Das intuitive Gefühl, etwas Besonderes zu sein, war schon früh vorhanden und verließ ihn nie wieder, ungeachtet aller Lebenskrisen. Solch ein ausgeprägtes Selbstgefühl schafft, bei aller äußeren Aufgeschlossenheit, Distanz: Distanz Goethes zu den anderen und Distanz der anderen zu ihm. So lebte er mitten in der Welt und doch auch immer im eigenen Universum. Eine glaubhafte Anekdote berichtet, Goethe sei 1786, als er in Italien den Maler Tischbein kennenlernte, auf diesen zugegangen und habe gesagt: »Ich bin Goethe.« (Vgl. Böhme, S. 70.) Das war sicher ganz unkompliziert und gar nicht überheblich gemeint, verrät aber doch das ungeheure Selbstbewusstsein, das er – der einerseits durch seinen *Werther* eine europäische Berühmtheit war, andererseits aber auch seit vielen Jahren nichts Bedeutendes mehr veröffentlicht hatte – in sich trug. Ganz in diesem Sinne sagt Goethes Faust nicht »ich heiße Faust« oder »mein Name ist Faust«, sondern: »Ich bin Faust.« Der Erdgeist, als die Objektivierung der lebendigen Natur, soll diesen Anspruch anerkennen: »Ich bin's, bin Faust, bin deinesgleichen!« (V. 500)

Dieses Selbstbewusstsein ist eine entscheidende Komponente von Fausts Persönlichkeit. Es sorgt für die Aura des Titanischen, Überlebensgroßen, die die Figur umgibt und die sich in der Rezeptionsgeschichte des Dramas schnell verselbstständigte. Dabei hat Goethe Faust keineswegs als einen Menschen geschildert, der jede Situation spielend meistert. Als er sich anschickt, dem tristen Universitätsmilieu zu entfliehen und Mephistopheles in die Welt zu folgen, bekennt er verdrossen und überraschend verzagt: »Allein bei meinem langen Bart / Fehlt mir die leichte Lebensart. / Es wird mir der Versuch nicht glücken; / Ich wusste nie mich in die Welt zu schicken, / Vor andern fühl ich mich so klein; / Ich werde stets verlegen sein.« (V. 2055–2060)

Auch ist Faust keineswegs der Tatmensch, als welcher er von einer nationalistisch gesinnten Germanistik, die Faust zum Prototyp des Deutschen erkor, während des 19. und bis zur Mitte des 20. Jahrhunderts gefeiert wurde. In *Faust I* fasst er zwar eine Reihe folgenreicher Entschlüsse: den der Handlung vorgelagerten Entschluss, sich der Magie hinzugeben (vgl. V. 377); den Entschluss, sich mit dem Teufel einzulassen; den Entschluss, Gretchen zu seiner Geliebten zu machen; sowie den verspäteten Entschluss, sie zu retten – aber selbst energisch tätig wird er kaum; und auch in *Faust II*, der großen Weltfahrt, erscheint er eher in der Rolle des Auftraggebers als in der des genialen Schöpfers und titanischen Vollbringers.

Fausts Größe resultiert daher nicht aus seiner Weltgewandtheit, seinem persönlichen Charisma, und schon gar nicht aus seiner Tatkraft. Sie ist vielmehr eine Wirkung seines unaufhörlichen, unersättlichen Strebens nach dem, was der Mensch nie ganz erlangen kann: Einsicht in das Wesen der Natur, Erkenntnis der sogenannten letzten Dinge, der Geheimnisse des Diesseits und des Jenseits (vgl. V. 699–719). Diese unstillbare metaphysische Sehnsucht, die in der Eingangsszene »Nacht« ebenso deutlich hervortritt wie in den Szenen »Vor dem Tor« (vgl. V. 1070–1099 und 1110–1125) und »Wald und Höhle« (vgl. V. 3217–3250), macht ihn letztlich immun gegen die Verlockungen des Teufels. Daher kann er die Wette, die er Mephistopheles anbietet (vgl. V. 1692–1698), leichten Herzens und in markiert verächtlicher Haltung abschließen. Anders als sein Urbild, der Magier Faustus der Legende, lässt er auch später nicht erkennen, dass ihn der Pakt mit dem Teufel belastet. Dem modernen Menschen, der zwar noch an das Göttliche, aber nicht mehr an einen personalen Gott glaubt (vgl. V. 3414–3468), kann der Teufel keine Angst mehr einjagen. Seine Hölle trägt er in sich selbst.

Faust fehlt alle Demut des gläubigen Menschen, welcher sich in der Hand Gottes weiß; und so wirkt es fast wie eine Ironie des Autors, wenn im »Prolog im Himmel« vorgeführt wird, wie viel DER HERR von seinem »Knecht« (V. 299) hält. Faust dagegen scheint keinen Gedanken an den HERRN zu verwenden. Er kennt lediglich Dankbarkeit gegenüber dem

Erdgeist, der ihm, wie er glaubt, das innige Verhältnis zur Natur und das Gefühl des Aufgehobenseins in ihr ermöglicht hat, von dem er zu Beginn der Szene »Wald und Höhle« erfüllt ist. Der Handlungsverlauf des Dramas spricht aber dafür, dass es viel eher Gretchens Liebe ist, die ihn innerlich befreit und in Einklang mit der Welt gebracht hat. Auffällig ist ja, dass auch in der Szene »Wald und Höhle« von keinen konkreten Einsichten in das Wesen der Natur die Rede ist. In seinem Wissen ist Faust gegenüber der Eingangsszene »Nacht« nicht weitergekommen; nur seine Einstellung hat sich gewandelt.

Doch diese ruhige Empfindung des Genügens schlägt schnell wieder in Unzufriedenheit um (vgl. V. 3240 f.). Faust kann sich nicht auf die Liebe zu Gretchen einlassen, weil er dabei nicht derselbe bliebe, der er ist. Das jedoch fürchtet er mehr als alles andere. Sein halb zielloses Streben, sein permanenter Drang zum ›Höheren‹, ist ihm wichtiger als das Mädchen, das sein Begehren geweckt hat und das ihn liebt. Dieser Konflikt wird ihm bewusst, nachdem Gretchen ihn durch das spielerische Blumenorakel zu seiner Liebeserklärung veranlasst hat. Das zeigt sich an der Ratlosigkeit, in der seine übersteigerten Beteuerungen zum Stillstand kommen (vgl. V. 3188–3194).

Dass Faust sich selber immer treu bleibt, hat, wie in der Forschung oft bemerkt worden ist, zur Konsequenz, dass er sich als Figur nicht entwickelt. Das Auf und Ab von überzogenem Anspruch und notwendigem Scheitern bildet in immer neuen Anläufen die Erregungskurve seines Lebens und der Dramenhandlung. Faust fehlt alle Bereitschaft zum Maßhalten, alle Fähigkeit zur inneren Ausgeglichenheit, die Goethe während seiner klassischen Periode – in der er den ersten Teil der Tragödie fertigstellte – als menschliches Ideal propagierte. Mit seinem rebellischen Charakter, in seiner Impulsivität, in der Vehemenz und teilweise auch Larmoyanz seines Leidens an sich und den ihm auferlegten Beschränkungen ist er vielmehr ein typischer Held des Sturm und Drang.

Fausts Beharren auf seinem Weg, auf seiner Haltung gegenüber der Welt bildet die zweite entscheidende Komponente seiner Persönlichkeit. Sie ist, in Verbindung mit dem großen Selbstbewusstsein, ganz wesentlich für die Wirkung der Figur verantwortlich. Faust macht neue Erfahrungen, aber er wirkt dabei nie wie ein Lernender, sondern immer wie ein bereits Fertiger. An Faust, so könnte man etwas provozierend sagen, lässt sich lernen, dass Größe auch eine Folge fehlender Wandlungsfähigkeit sein kann.

An dieser fehlenden Fähigkeit und auch Bereitschaft, sich anzupassen und sich zu verändern, geht Gretchen zugrunde. Dieselbe Eigenschaft, die Faust vor den Risiken der Wette, auf die er sich eingelassen hat, schützt, ist für Gretchen eine tödliche Gefahr; denn sie liebt einen, der ihr nicht treu sein kann, weil er immer nur sich selber treu ist. Als Verführer agiert Faust selbstgefällig und ohne Verantwortungsgefühl. Würde er nicht so ausschließlich auf sich selbst fokussiert sein, so könnte er erkennen, dass er sich dem Mädchen eigentlich gar nicht nähern darf. Aber solche Gedanken macht er sich nicht. Im Gegenteil: Um mit ihr eine Liebesnacht verbringen zu können (in der sie schwanger werden wird), gibt er ihr ein Fläschchen, das angeblich ein Schlafmittel für die wachsame Mutter enthalten soll, tatsächlich aber Gift enthält, an dem die Mutter sterben wird. Die ältere *Faust*-Forschung – die dazu tendierte, Faust in allen heiklen Fragen zu rechtfertigen, während die jüngere Forschung im Gegenzug zu einer überkritischen Haltung neigt – wies gerne darauf hin, dass Faust gar nicht wisse, was für ein Mittel Mephistopheles ihm da untergeschoben habe. Der Text des Dramas bietet aber keinen Hinweis darauf, dass Faust hier selbst der Betrogene ist. Goethe lässt die Frage offen.

Fausts Mangel an Charakterstärke

Der Streit mit Mephistopheles im zweiten Teil der Szene »Wald und Höhle« deutet zwar darauf hin, dass Faust sich vorübergehend von Gretchen zurückgezogen hat, weil er sie nicht ins Unglück stürzen möchte. Sein Versuch am Ende des Dramas, Gretchen zu retten, lässt darüber hinaus auf menschliches Erbarmen und auf ein schlechtes Gewissen schließen. Diese Regungen halten ihn aber dennoch nicht davon ab, Gretchen anzutun, was er ihr antut: sie zu schwängern und sie dann im Stich zu lassen. In Gretchens Gegenwart, unter dem unmittelbaren Einfluss ihres Wesens, findet er vorübergehend zur innigen Sprache aufrichtiger Liebe. In ihrer Abwesenheit ist jedoch viel Theatralik in seinen Klagen, in denen er sich zwar zum unheilvollen Menschen stilisiert (vgl. V. 3347 bis 3360), aber Selbstvorwürfe meidet und stattdessen den Teufel beschimpft (vgl. V. 3361 f., vor allem aber die Szene »Trüber Tag. Feld«), der doch nur ein Teil seiner selbst ist. Gretchens Tragödie wirft entsprechend ein düsteres Licht auf Faust und sein höheres Streben.

Ich bin bey Fritzgen gewesen [...]. So sittsam, so tugendhaft. Ich wette sie verliebt sich in mich [...]. Sie ist abscheulich erber [ehrbar], *erber* im eigentlichen Verstande. [...] Sie ist manchmal Sontags alleine zu Hause. Vierzehn Tage Vorbereitung und so ein Sontag sollten die Erberkeit von dem Schlosse [ihrer Tugendhaftigkeit] wegjagen, [...]. Könnte ich's aber nur ungestraft thun [...], so würde ich die affaire des Teufels übernehmen, und das gute Werck zu nichte machen. [...] Aber ohne zu schwören ich unterstehe mich schon ein Mädgen zu verf– wie Teufel soll ich's nennen. [...]

Goethe mit achtzehn Jahren, am 7. November 1767, in Leipzig an Ernst Wolfgang Behrisch (1738–1809), der zu dieser Zeit sein vertrautester Freund und Mentor war (WA, Band IV, 1, S. 133)

Mephistopheles

Was bedeutet der Name Mephistopheles? Goethe hat ihn aus der Faust-Überlieferung übernommen. Man hat versucht, ihn aus dem Griechischen oder Hebräischen abzuleiten. Solche Ableitungen bleiben aber zweifelhaft, auch wenn die »dabei gewonnenen Bedeutungen; etwa: ›Der das Licht nicht liebt‹, oder: ›Zerstörer des Guten‹« (Schöne, S. 167) zu der Figur passen. In einem Brief an Carl Friedrich Zelter aus den letzten Lebensjahren hat Goethe erklärt, selbst nicht zu wissen, wie der Name Mephistopheles entstanden sei (Brief vom 20. November 1829).

Entscheidender ist ohnehin die Frage: *Wer ist* Mephistopheles? Ist er eine selbstständige Figur oder ist er lediglich die Objektivation (Vergegenständlichung) der »Kehrseite von Fausts idealisch-strebendem Wesen« (Schmidt, S. 43)? Ist er ein echter Widersacher Fausts oder nur gewissermaßen die zweite Seele, die in dessen Brust wohnt (vgl. V. 1112)? Diese Frage gehört zu den Hauptproblemen der *Faust*-Deutung.

Die erste Möglichkeit, die »Duell-Hypothese«, wie Peter Matussek sie nennt, hatte ihre Befürworter vor allem in der älteren *Faust*-Forschung, die Faust lieber als einen Menschen sah, der mit seinem Schicksal ringt, und nicht als einen, der mit sich selber zu ringen hat. Aus heutiger Perspektive liegt die Schwäche dieser Sicht darin, »daß sie die konflikthafte Binnenstruktur Fausts zugunsten eines simplen Held-Antiheld-Schemas nivelliert«. Dadurch würden Fausts »Versuche der Verantwortungsdelegation« gerechtfertigt. Auch wenn Mephisto »eine individuell charakterisierte Bühnenexistenz« führe, so folge daraus nicht, »daß er eine selbständig handelnde Person ist«. Wenn Faust ihn einen »Gefährten« nenne, den er bald »schon nicht mehr / Entbehren kann« (V. 3243 f.), so sei dies »weniger ein Hinweis auf das Wesen des anderen als auf sein eigenes« (alle Zitate: Matussek, S. 375).

Mephistopheles' Selbstcharakterisierung

Will Quadflieg als Faust und Gustav Gründgens als Mephistopheles in der 1960 entstandenen Filmfassung des »Faust«.

Im gleichen Sinne hat Jochen Schmidt darauf hingewiesen, dass die Selbstcharakterisierung von Mephistopheles in seinem ersten Gespräch mit Faust drei Haupttendenzen aufweist, die jeweils einen bedeutsamen Wesenszug Fausts negieren: Erstens charakterisiert er sich als einen »Teil« (V. 1335). Diese »Tendenz zur Partikularisierung [...], ja zur Atomisierung« – »Ich bin ein Teil des Teils, der anfangs alles war« (V. 1349) – negiert Fausts »Drang zum Ganzen«. Zum Zweiten beschreibt sich Mephisto als Verneiner (vgl. V. 1338) und Zerstörer (vgl. V. 1339–1344), was die Gegentendenz zu »Fausts Schaffensdrang« bildet. Zum Dritten leugnet Mephistopheles alle idealen Bestrebungen, »alles Geistige und Seelische«, das er zur selbstgefälligen Illusion erklärt, während die eigentliche Wahrheit allein die des Körpers und der körperlichen Triebe sei (alle Zitate: Schmidt, S. 122). Im Verhältnis zu Faust äußert sich diese dritte Tendenz in der durchgehenden Bemühung, Fausts Neigung zu schwärmerischen Höhenflügen ironisch zu unterbinden und ihn ›hinabzuziehen‹ – vorzugsweise in die Sphäre der Sexualität, in der der Mensch ganz triebgesteuert ist. Mephistopheles verkörpert demnach die gegenläufige Tendenz zu dem, was Faust in Wort und Handeln als sein Selbstverständnis zu erkennen gibt. Er ist der unbewusste Teil von Fausts Wesen, der dessen offenes Wollen untergräbt. Die Verbindung zwischen Faust und Mephistopheles signalisiert entsprechend nicht nur Fausts Ambivalenz – den inneren Zwiespalt, der sein Wesen bestimmt, ohne dass er das wahrhaben will –, sondern auch seine Anlage zur Selbstzerstörung (vgl. Schmidt, S. 122).

Als Anwalt der Körperlichen, der das Geistige als bloßen Schein abtut, entwirft Mephistopheles eine Kosmogonie (Lehre von der Entstehung der Welt), in der »die traditionelle Wertehierarchie, derzufolge das Licht das höherwertige und eigentlich schöpferische, ja göttliche Prinzip, die Nacht dagegen nur die finstere Kehrseite ist« (Schmidt, S. 122), auf den Kopf gestellt wird. Bei ihm erscheint die Nacht als die Sphäre, aus der alles entsteht (vgl. V. 1350–1354). Dieses Insistieren auf dem Vorrang des Dunklen und Körperlichen weist Mephistopheles als einen Vertreter des radikalen Materialismus aus, eines Konzepts, das überhaupt erst im 18. Jahrhundert aufkam. Der Theologe Johann Georg Walch definierte den neuen Begriff (»Materialismum«) in dem von ihm verfassten *Philosophischen Lexikon* (1726) als eine Anschauung, »die geistliche Substanzen leugnet und keine andere als körperliche zulassen will« (zitiert nach Schmidt, S. 123).

Als radikaler Materialist bezieht Mephistopheles die Gegenposition zu Fausts Hang zur Schwärmerei. Der Begriff der Schwärmerei – den Luther ursprünglich zur Bezeichnung sektiererischen Abweichlertums von der reformatorischen Orthodoxie geprägt hat – wurde in der Aufklärung zum »Kampfbegriff gegen irrationalistische Tendenzen aller Art, besonders gegen spekulativ-idealistische und intuitionistische Strömungen« (Schmidt, S. 124). Goethe nimmt also eine zentrale zeitgenössische Debatte auf, wenn er Fausts Zuflucht zu irrationalen Praktiken durch Mephistopheles ironisieren und abwerten lässt. Das heißt aber nicht, dass er sich auf dessen Seite schlägt. Indem der Teufel alles Ideale leugnet, bringt er den Zerstörungstrieb im Menschen (in Faust) zum Vorschein, der vielleicht am erschreckendsten zum Ausdruck kommt, wenn Faust am Ende der Auseinandersetzung mit Mephistopheles in der Szene »Wald und Höhle« ausruft: »Was muss geschehn, mag's gleich geschehn! / Mag ihr [Gretchens] Geschick auf mich zusammenstürzen / Und sie mit mir zugrunde gehn!« (V. 3363–3365) Hier zeigt sich, wie die ethische Gleichgültigkeit, die Mephistopheles durchgehend demonstriert – »denn alles was entsteht / Ist wert dass es zugrunde geht« (V. 1339 f.) –, zu verwerflichem Handeln führt. Goethe verdeutlicht, dass es sich sowohl bei der radikalisierten Form der Aufklärung, die Mephistopheles vertritt, wie auch bei der Schwärmerei, zu der Faust neigt, um problematische Extrempositionen handelt. Zwischen diesen beiden Polen pendelt Faust – setzt man voraus, dass Mephistopheles eine Tendenz seines eigenen Wesens ist – hin und her, ohne beide Impulse in ein tragfähiges Gleichgewicht überführen zu können.

Damit ist erneut die eingangs gestellte Frage aufgeworfen: Ist Mephistopheles eine eigenständige Figur oder nicht? Die überzeugendste Antwort lautet wohl: Ja und nein. Mephistopheles ist insofern eine eigenständige Figur, als der »Schalk« (V. 339), der im »Prolog im Himmel« dem HERRN die Erlaubnis abgewinnt, seine Verführungskunst an Faust zu erproben, nicht gut als innere Tendenz Fausts denkbar ist; Faust käme nicht auf die Idee, mit Gott zu wetten. Nicht umsonst geht er ja davon aus, dass Mephistopheles ein Abgesandter des Erdgeists ist (vgl. 3217 f. und 3241–3246).

Mephistopheles ist auch insofern eine eigenständige Figur, als er im Stück als solche auftritt. Das ist ein schlichtes Argument, das aber dennoch seine Berechtigung hat. Der Zuschauer nimmt Mephistopheles, der in vieler Hinsicht sogar lebendiger als Faust wirkt (weshalb er auch die begehrtere Rolle ist), durchaus als eigene Figur wahr. Er kann sich sagen, dass dieser Eindruck täuscht. Aber dennoch ist der Eindruck als solcher unabweisbar.

Aber auch angesichts des Augenscheins, der eine andere Sprache spricht, ist Mephistopheles doch vor allem die Verkörperung des destruktiven, verleugneten Teils von Fausts eigener Persönlichkeit. Die entscheidenden Argumente, die für diese Sicht sprechen, sind bereits gefallen. Goethe, um es zusammenfassend noch einmal mit den Worten Jochen Schmidts zu sagen, »*psychologisierte* den Teufel […]. So wurde aus dem religiös ernstgenommenen Teufel der Tradition die mythologische Metapher einer psychischen und zeitgenössischen Disposition.« (Schmidt, S. 42 und 43)

Die hier befürwortete doppelte Optik in Bezug auf die Figur des Mephistopheles hat den Vorzug, dass man das »Duell« zwischen den beiden Widersachern in seiner ganzen Lebendigkeit auf der Bühne (und im Buch) genießen kann, die Figur Fausts aber zugleich als innerlich so zerrissen und schuldhaft begreift, wie Goethe sie offensichtlich angelegt hat. Manchmal ist eine solche doppelte Optik verwirrend. Aber kompliziert ist ja auch Fausts psychische Disposition. Der Kunstgriff der Psychologisierung des Teufels erhellt die Gründe dafür, indem er Einblicke in die verleugneten Anteile von Fausts Psyche gewährt, die anders auf der Bühne nicht darstellbar wären (da das Drama im Unterschied zum Roman nicht die Möglichkeit der über die bewussten Gedanken einer Figur hinausgehenden Introspektion besitzt).

Gretchen

Bei der Betrachtung Gretchens fällt zunächst auf, dass Goethe zwischen den Sprecherinnenbezeichnungen MARGARETE und GRETCHEN wechselt. In den Szenen »Straße«, »Abend«, »Der Nachbarin Haus«, »Garten« und »Ein Gartenhäuschen« – also durchgehend bis zum Liebesgeständnis und zur von »Wald und Höhle« gebildeten Zäsur – steht MARGARETE; danach vorwiegend GRETCHEN (»Gretchens Stube«, »Am Brunnen«, »Zwinger«, »Nacht«, »Dom«), einmal aber auch MARGARETE (»Marthens Garten«); und in der Schlussszene »Kerker« wiederum MARGARETE. Die intimere Namensform GRETCHEN bildet also nicht die Regel, sondern die Ausnahme. Goethe geht in den kurzen Szenen zu ihr über, in denen Gretchens Verlassenheit und Not geschildert wird. Trotzdem hat sich die Form »Gretchen« gegenüber dem vollen Namen durchgesetzt. Manche Interpreten nehmen daran Anstoß, weil sie hierin eine unangemessene Tendenz zur Verkleinerung und Verniedlichung der Figur erkennen möchten. Dem lässt sich entgegenhalten, dass die Koseform »Gretchen« viel besser als der volle Name die Atmosphäre des »Natürlichen, Volkstümlichen, Naiven, Einfachen« einfängt, der die Sehnsucht einer vom Naturkult Rousseaus inspirierten Generation galt, die »unter ihrer Kompliziertheit, Überkultiviertheit, Gelehrtheit und Entfremdung« litt (Schmidt, S. 162). Werthers emphatische Hinwendung zur Natur, zu Lotte, zu den Kindern entspringt dem gleichen Leiden an sich und der Zivilisation wie Fausts Liebe zu Gretchen. Faust selbst nennt seine Geliebte in der Schlussszene im Kerker zum ersten (und einzigen) Mal beim Namen und verwendet dabei ebenfalls die Koseform (vgl. V. 4460). Zuvor spricht er sie mit »Kind« (vgl. etwa V. 3184, 3418 und 3469) und »Engel« (vgl. etwa V. 3163, 3494 und 3510) oder anderen Koseworten an (»Süß Liebchen!«, V. 3179; »Mein Liebchen«, V. 3426 und 3516; »Liebe Puppe«, V. 3476; »holdes

Himmels-Angesicht!«, V. 3182, vgl. auch V. 3431; oder »Schelm«, V. 3205). Natürlich sieht Faust in Gretchen, wie Werther in Lotte, nicht unbedingt das, was sie in Wahrheit ist. Natürlich erblickt er in ihr das, was er zur Kompensation seiner eigenen Unruhe und Kompliziertheit sucht. Das zeigt besonders eindrücklich die rührselige Betrachtung, zu der ihn der verstohlene Aufenthalt in Gretchens Kammer inspiriert (vgl. V. 2687 bis 2728). Doch zeigen Gretchens eigene Äußerungen und Handlungen, dass er sie, indem er das Schlichte, Herzliche, Natürliche, Kindliche an ihr hervorhebt, durchaus nicht völlig verkennt; und so hat die eingebürgerte Bezeichnung »Gretchen« eben doch ihre Berechtigung und sollte nicht als Anzeichen gelten, dass die Figur in ihrem Eigenleben nicht ernst genommen werde.

Dass Natürlichkeit, Kindlichkeit, herzliche Schlichtheit nicht lediglich Zuschreibungen von außen, sondern tatsächliche Eigenschaften Gretchens sind, ist auch deshalb zu betonen, weil erst vor dem Hintergrund der eingeschränkten Welt, in der Gretchen lebt, das tragische Moment ihres Schicksals – und damit auch die Schuld ihres Verführers – deutlich zutage tritt. Tragik im dramentheoretischen Sinne setzt nicht ›einfach nur‹ Unglück, sondern die innere Notwendigkeit der schließlich eintretenden Katastrophe voraus. Gretchens Tragik besteht demnach darin, dass sie als Angehörige der kleinstädtischen Welt, in die Faust von außen einbricht, notwendig »dem Wahnsinn verfallen muß« (Matussek, S. 378).

Mit Recht betont Peter Matussek diesen in der *Faust*-Forschung sonst oft zu wenig beachteten Umstand, dass Gretchen ja nicht nur zur Kindesmörderin wird und als solche am Ende im Kerker ihrer Hinrichtung entgegensieht, sondern dass sie aufgrund ihres Unglücks eine »wahnhafte[ ] Persönlichkeitsspaltung« (Matussek, S. 378) erleidet, die in ihren teils wirren, teils übermäßig hellsichtigen Reden in der Schlussszene zum

Gesellschaftliche Inferiorität | Beschämung

Ausdruck kommt. Die Entwicklung, in deren Verlauf der Kern von Gretchens Persönlichkeit zerbricht, vollzieht sich nach Matussek (hier und da modifiziert durch abweichende Überlegungen) in den folgenden Schritten:

Schon Fausts erste Annäherungsversuche auf der Straße und durch das anonyme Geschenk des kostbaren Schmucks sind für Gretchen schmeichelhaft und demütigend zugleich. Die galante Anrede »schönes Fräulein« (V. 2605), die seinerzeit nur einer Adligen zukam, zwingt Gretchen dazu, ihren untergeordneten sozialen Status klarzustellen. Der prächtige Schmuck, den eine Bürgerliche kaum in der Öffentlichkeit tragen konnte, führt ihr vor Augen, welches Leben ihr verwehrt ist (vgl. V. 2790–2804). Zwar weiß sie, dass sie hübsch ist (vgl. V. 2798). Aber sie glaubt auch, dass einem Kompliment, das ein Herr einem bürgerlichen Mädchen macht, immer Mitleid und Herablassung beigemischt ist (vgl. V. 2801).

Dieses Gefühl der unverdienten, aber unabänderlichen Unterlegenheit löst das Gefühl der Beschämung aus, das sogleich zur Sprache kommt, wenn Gretchen und Faust zum ersten Mal in einem ausführlicheren Gespräch gezeigt werden: »Ich fühl es wohl, dass mich der Herr nur schont, / Herab sich lässt, mich zu beschämen. / […] Ich weiß zu gut, dass solch erfahrnen Mann / Mein arm Gespräch nicht unterhalten kann.« (V. 3073 f. und 3077 f.) Dieses Eingeständnis Gretchens, Faust nicht gewachsen zu sein, bestätigt dieser, der sich in der Pose des charmanten Plauderers gefällt, mit dem verunglückten Kompliment: »Ein Blick von dir, Ein Wort mehr unterhält, / Als alle Weisheit dieser Welt.« (V. 3079 f.)

Wäre Gretchen selbstbewusst, so würden sie solche Ungeschicklichkeiten nicht irritieren. Aber sie ist nicht selbstbewusst. Ihr Ichgefühl beruht auf den äußeren Einflüssen der strengen, »in allen Stücken / So akkurat[en]« Mutter (V. 3113 f.), der klatschsüchtigen, Normverstöße gehässig kommentierenden Freundinnen und der Kirche, die auch die Intimsphäre durch internalisierte Vorschriften und durch die Beichtpflicht überwacht. Wie angepasst sie gelebt hat, wird Gretchen selbst erst halb bewusst, als sie aufgrund ihrer Liebe zu dem fremden Herrn in einen inneren Konflikt mit der Sphäre ihrer Herkunft gerät: »Wie konnt ich sonst so tapfer schmälen, / Sah ich ein armes Mägdlein fehlen!« (V. 3577 f.)

Dass ihr ein vornehmer Herr den Hof macht, weckt Wünsche in ihr, die ihr bisheriges Lebensumfeld entwerten. Die Ironie in den Galanterien, mit denen Mephistopheles sie zum adligen Fräulein aufwertet (vgl. V. 2902 f., 2910 f. und 3020), bemerkt sie nicht. Sie antwortet dankbar geschmeichelt (vgl. V. 2907 f.), aber auch verwirrt und im Voraus beschämt, dass sie die Erwartungen, die man ihr anscheinend entgegenbringt, nicht wird erfüllen können (vgl. V. 3021). Dennoch möchte sie vor ihrem Verehrer nicht als zu gering erscheinen: Das zeigt ihr »bemühte[r] Hinweis« (Matussek, S. 379) auf das »hübsch Vermögen«, das »Häuschen« und das »Gärtchen vor der Stadt« (V. 3117 f.), das der Vater hinterlassen habe. Gleichwohl spürt sie in den Beteuerungen Fausts, wie sehr ihn alles an ihrer Lebenswelt entzücke, immer eine Herablassung, die sie verunsichert. Sie glaubt, ihm nichts bieten zu können: »Beschämt nur steh ich vor ihm da, / Und sag zu allen Sachen ja. / Bin doch ein arm unwissend Kind, / Begreife nicht was er an mir find't.« (V. 3213–3216)

Das Gefühl der Unterlegenheit führt zu einer immer stärkeren emotionalen Abhängigkeit. In Gretchens Selbstgespräch am Spinnrad kommt diese Fixierung auf den Geliebten – »Nach ihm nur schau ich / Zum Fenster hinaus« (V. 3390 f.) – ebenso zum Ausdruck wie die fortschreitende Selbstentfremdung: »Mein armer Kopf / Ist mir verrückt, / Mein armer Sinn / Ist mir zerstückt.« (V. 3382–3385) Und der Druck, der auf Gretchen lastet, nimmt weiter zu, als Faust ihre Frage nach

Ohnmacht, den Geliebten an sich zu binden

Antje Weisgerber als Gretchen und Will Quadflieg als Faust in der Inszenierung von Gustav Gründgens am Deutschen Schauspielhaus Hamburg aus dem Jahre 1957.

seiner Haltung zu Religion und Kirche – hinter der die Hoffnung steht, er möge ihr Verhältnis durch einen Heiratsantrag sanktionieren – eloquent unterläuft, indem er ihr die Naivität der Fragestellung deutlich zu machen versucht.

Indem sich Faust Gretchen zugleich aufdrängt und entzieht, signalisiert er, dass er sie begehrt, aber nicht genug achtet, um sich die Mühe zu machen, sich in ihre Lage zu versetzen. Gretchen spürt das und zweifelt an der Ernsthaftigkeit seiner Gefühle für sie. Diese Enttäuschung projiziert sie, um den Geliebten von Vorwürfen zu entlasten – beziehungsweise um nicht durch Vorwürfe zu riskieren, dass er sich weiter von ihr zurückzieht –, auf sich selbst zurück und erklärt, sie habe die Empfindung, Faust nicht mehr wahrhaft lieben zu können, sobald Mephistopheles hinzukomme (vgl. V. 3495–3497). Auch hier zeigt sich, dass Mephistopheles die dunkle Seite Fausts verkörpert.

Faust nimmt sich Intimität, »ohne Stabilität zu geben« (Matussek, S. 380). Doch der Umgang mit ihm und die Liebe zu ihm haben Gretchen gezeigt, dass Normen nicht wichtiger sind als die Stimme des Herzens. So fühlt sie sich, nachdem sie von Faust schwanger geworden ist, auch nicht wirklich schuldig: »Doch – alles was dazu mich trieb, / Gott! war so gut! ach war so lieb!« (V. 3585 f.) Entsprechend ist es nicht so sehr die »Sünde« (V. 3584) als vielmehr die Angst vor Bloßstellung, die sie belastet. Die heilige Mutter Gottes fleht sie daher in der Szene »Zwinger« nicht um Vergebung der Sünde, sondern um Rettung vor »Schmach und Tod« (V. 3616) an.

Diese Hoffnung wird jedoch durch die öffentliche Beschimpfung durch ihren Bruder Valentin zuschanden. Dieser fühlt dabei ebenso hellsichtig wie gehässig heraus, dass gerade die Bemühung um Geheimhaltung den Prozess der Selbstentfremdung befördert, indem der abgespaltene Teil sich zu monströser Fürchterlichkeit auswächst: »Wenn erst die Schande wird geboren, / Wird sie heimlich zur Welt gebracht, / [...] / Ja, man möchte sie gern ermorden. / Wächst sie aber und macht sich groß, / Dann geht sie auch bei Tage bloß, / [...]« (V. 3740–3749). Genau diese Prophezeiung erfüllt sich an Gretchen, wie gleich die nächste Szene »Dom« zeigt. Das »abgespaltene private Selbst« bedrängt sie dort als »fremde Verfolgungsinstanz, als paranoide Halluzination« (Matussek, S. 380). Ein Böser Geist raunt ihr zu: »Verbirg dich! Sünd und Schande / Bleibt nicht verborgen.« (V. 3821 f.)

Die Wahnstimmen lassen Gretchen von nun an nicht mehr los (vgl. V. 4448). In der Schlussszene stellt sie sich zum ersten Mal gegen Fausts Willen. Sobald sie Mephistopheles erblickt, flüchtet sie sich zu Gott und gesteht Faust, dass es ihr vor ihm graut. Die »Stimme von oben« verheißt Erlösung; doch Gretchen ruft klagend den Namen des Geliebten, der sie ins Unheil gestürzt hat.

3 Gehalt

In einem Buch über *Faust I* den Gehalt des Stücks zu erläutern, ist insofern schwirig, als die Frage nach der geistigen Substanz eigentlich eine Antwort verlangt, die sich auf das gesamte Werk, also auf den ersten und den zweiten Teil der Tragödie bezieht. Das ist im Rahmen einer Analyse, die sich auf *Faust I* beschränkt, nicht möglich. Immerhin lässt sich, ohne näher auf *Faust II* einzugehen, die Hauptfrage beantworten, wie das Spiel zwischen Mephistopheles und dem HERRN und wie die Wette zwischen Faust und Mephistopheles ausgehen. In beiden Fällen hat der Teufel das Nachsehen. Faust erschlafft nicht, er bleibt seinem Wesen treu, immer höher hinauswollend und alles Erreichte mit Ungenügen betrachtend. Was er damit bewirkt, wird als durchaus zwiespältig dargestellt. Sein unablässiges Streben nach Tätigkeit und Wachstum wird jedoch positiv bewertet. Schon im »Prolog im Himmel« hatte der HERR nachsichtig erklärt: »Es irrt der Mensch solang er strebt.« (V. 317) Das heißt: Solange er strebt, darf sich der Mensch auch Fehler erlauben. Entsprechend können die Engel in der Schlussszene von *Faust II* verkünden: »Gerettet ist das edle Glied / Der Geisterwelt vom Bösen, / Wer immer strebend sich bemüht, / Den können wir erlösen.« (V. 11934–11937) Wenn es eine Quintessenz, eine Kernaussage von Goethes vielschichtigem Drama gibt, so ist es diese.

Wir sind, zweihundert Jahre später, sicherlich versucht, gegen diese Botschaft manche Vorbehalte anzumelden (vgl. auch S. 63 dieses Bands). In Zeiten, in denen der allgemeine Drang der Menschen nach unablässiger Aktivität, Mobilität und Selbstverwirklichung zu einer ernsten Belastungsprobe für den Globus wird, scheinen uns Fausts unstillbare Unruhe, sein Hunger nach Expansion, keine erlösungsbringenden Eigenschaften mehr zu sein. Goethe verfasste sein Stück in einer Zeit, als der Ablösungsprozess von dem alten christlichen Weltbild schon weit fortgeschritten war, das dem europäischen Menschen viele Jahrhunderte lang Demut vor Gott, Absehen von der irdischen Existenz, ein selbstgenügsames sich Beschränken auf einen engen Horizont und als Konsequenz all dessen Stillstand auf vielen Gebieten menschlicher Aktivität (etwa Wissenschaft und Technik) abverlangt hatte. Faust steht mit am Anfang des großen Projekts der Moderne, in dem der Mensch sein Schicksal selbst in die Hand nimmt, sein eigenes Genie als Schöpfer unter Beweis stellt und erfolgreich danach strebt, das menschliche Leben zu erleichtern. Die Kehrseite dieses Emanzipationsprozesses ist der Verlust an innerem Halt, ist das, was der ungarische Literaturwissenschaftler Georg Lukács (1885–1971) in seiner *Theorie des Romans* (1916) die »transzendentale Obdachlosigkeit« des modernen Menschen genannt hat. Beide Seiten der Medaille lassen sich an *Faust* exemplarisch studieren.

Genie und Melancholie

Der Triumph des modernen Menschen, sich weitgehend erfolgreich zum Herrscher der Natur aufzuschwingen und damit Gott den Rang streitig zu machen, und andererseits seine psychische (und auch intellektuelle) Überforderung durch die daraus resultierende Notwendigkeit, sich selbst zum Maßstab aller Dinge erheben zu müssen, zeigt sich im unentwegten Auf und Ab von Fausts innerer Verfassung. Diese Unausgeglichenheit des psychischen Haushalts ist für einen schon in der Antike klassifizierten Menschentypus charakteristisch, der als ebenso genial veranlagt wie gottfern galt: den Melancholiker. Jochen Schmidt hat gezeigt, wie Goethe in den Jahren um 1800, als er die bis dahin noch offene »große[ ] Lücke« schloss (vgl. S. 35 dieses Bands), Faust gezielt als Melancholiker zeichnete, um auf diese Weise seine innere Bereitschaft

Theorie der Melancholie

zum Pakt mit dem Teufel plausibel zu machen. Durch diesen Rückgriff auf den Typus des Melancholikers gelang es Goethe, Fausts inneren Konflikt, der der eines Menschen um 1800 ist, so zu gestalten, dass er sich in den Kontext der beginnenden Neuzeit, in der die Handlung angesiedelt ist, einfügt.

Die Theorie, dass »alle Männer von überragender Bedeutung [...] Melancholiker gewesen seien«, wurde erstmals in dem sogenannten *Problem XXX, 1* formuliert, als dessen Autor lange Zeit Aristoteles galt (vgl. die grundlegende Studie *Saturn und Melancholie* [1964, deutsch 1990] des Philosophen Raymond Klibansky und der beiden Kunsthistoriker Erwin Panofsky und Fritz Saxl, dort S. 58). Goethe kannte diese Abhandlung. Sie charakterisiert die Melancholie – im Unterschied zu unserem heutigen Begriffsverständnis, das Melancholie einseitig als Schwermut oder, moderner gesprochen, Depression begreift – als das Spannungsverhältnis zwischen seelischen Lähmungen einerseits und Hochgefühlen andererseits. Diese Theorie blieb bis in die Neuzeit lebendig. Sie führte zu einer immer genaueren Beschreibung eines besonders begabten und gefährdeten Menschentyps. Ein wichtiges, bereits relativ spätes Beispiel für diese Traditionsbildung ist die *Anatomy of Melancholy* (1621) des Oxforder Gelehrten Richard Burton (1577–1640). Seine Schrift enthält, wie viele andere Abhandlungen zur Melancholie, ein eigenes Kapitel zum »Wissensdurst und maßlose[n] Lerneifer als Ursachen« der Melancholie, dem ein »Exkurs über das Elend der Gelehrsamkeit« beigefügt war (zitiert nach der deutschen Ausgabe, München 1991). Der Zusammenhang zwischen Studium und Melancholie galt seit der frühen Neuzeit – seit der Schrift *De vita triplici* (*Drei Bücher über das Leben*, Florenz 1489) des italienischen Humanisten Marsilio Ficino (1433–1499) – als ein so fundamentaler, dass die Melancholie nun vielfach hauptsächlich als »Gelehrtenkrankheit«, »morbus litteratorum« betrachtet wurde.

Im Laufe der Zeit hatte sich auch ein festes Repertoire von bildkompositorischen Konventionen und Attributen herausgebildet, die auf Werken der bildenden Kunst zur Veranschaulichung der Melancholie verwendet wurden. Konzentriert erscheinen sie in Albrecht Dürers berühmtem Stich *Melencolia I* (1514), den Goethe besaß. Dazu gehören die sitzende Stellung in schwermütiger Haltung, der Kontrast zwischen Enge (der Gelehrtenklause) und Weite (des im Hintergrund angedeuteten Horizonts), die Fledermaus, die die auch existenziell zu verstehende Dämmerung anzeigt, das unbrauchbare wissenschaftliche Gerät, das Faust mit bitterer Klage erwähnt (vgl. V. 406–409 und 668–685), der Hund, der sich im Drama als Verpuppung des Teufels erweist, und das magische Quadrat, das die Neigung zur Grenzüberschreitung des in seinem Erkenntnisdrang unbefriedigten Gelehrten symbolisiert und das seine Entsprechung in Fausts alchemistischem Werk (vgl. V. 419–481) und dem magischen Pentagramm auf der Schwelle seines Studierzimmers hat (vgl. V. 1396). Der Totenkopf fehlt auf Dürers Stich, nicht aber in Goethes Drama (vgl. V. 664–667) – und ebenso nicht in Dürers motivisch verwandtem Stich *Hieronymus im Gehäus* aus demselben Jahr 1514. Die Flügel der *Melencolia*-Gestalt zeigen den Wunsch nach Erhebung, nach Überwindung von Zeit und Raum an, der auch in der von Faust verwendeten Flugmetaphorik (vgl. V. 640 f. und 1074 bis 1099) zum Ausdruck kommt.

Als eines der wichtigsten Merkmale des Melancholikers galt zudem seine Neigung zum Selbstmord. Entsprechend lässt Goethe Fausts ersten großen Melancholie-Monolog nach dem Abgang Wagners in den feierlich-euphorischen Entschluss zum Selbstmord münden (vgl. V. 614–736). Glockenklang und Chorgesang bewahren ihn im letzten Moment davor, den Vorsatz in die Tat umzusetzen. Auch dies steht in Übereinstimmung mit der Tradition. In der »antimelancho-

Linderungsmittel gegen Melancholie

Die Melancholie als geflügelter Genius in Albrecht Dürers (1471 bis 1528) Kupferstich »Melencolia I« aus dem Jahre 1514.

lischen Seelsorgeliteratur« (Schmidt, S. 103) gehörte die heilsame Wirkung der Musik zu den wichtigsten Empfehlungen. Als weitere Linderungsmittel galten das Spazierengehen, am besten in der freien Natur, und das Lesen der Heiligen Schrift.

Dem ersten Rat folgt Faust in der Szene »Vor dem Tor«, in der es entsprechend auch zu einer vorübergehenden Aufhellung seines Gemütszustands kommt (vgl. den Monolog »Vom Eise befreit […]«, V. 903–940), und dem zweiten, nach der Rückkehr in die Gelehrtenklause, zu Beginn der Szene »Studierzimmer I«, in der er sich in das Neue Testament vertieft und den Anfang des Johannes-Evangeliums zu übersetzen versucht (vgl. V. 1178–1237).

Doch diese Linderungsmittel entfalten jeweils nur eine kurzfristige Wirkung. Die Melancholie kehrt bald zurück, und heftiger denn je. Schon zu Beginn der Szene »Studierzimmer II« gibt sich Faust missmutig: »Es klopft? Herein! Wer will mich wieder plagen?« (V. 1530) Seinem Besucher Mephistopheles klagt er wortreich sein Leid. Die Enge des Erdenlebens scheint ihm jede frohe Aussicht auf die Zukunft zu nehmen (vgl. V. 1544f.). Er beschreibt sich als nervlich zerrüttet: Mit »Entsetzen« wache er am Morgen auf, sogleich den Tränen nah (vgl. V. 1554f.) in der Erwartung eines weiteren Tages, der keine seiner Erwartungen erfüllt (vgl. V. 1556–1561). Nachts komme er nicht zur Ruhe und leide unter unbestimmten Ängsten und wilden Träumen (vgl. V. 1562–1565). Die göttliche Inspiration, die er in sich fühle, könne er nicht zur Tat werden lassen (vgl. V. 1566–1569). Entsprechend lautet sein Fazit: »Und so ist mir das Dasein eine Last, / Der Tod erwünscht, das Leben mir verhasst.« (V. 1570f.)

Provoziert durch einen kurzen Wortwechsel mit Mephistopheles, der höhnisch anmerkt, »Und doch hat jemand einen braunen Saft, / In jener Nacht, nicht ausgetrunken« (V. 1579f.), bricht Faust im zweiten Teil seiner Melancholie-Rede – die einen »in genauer Stellenentsprechung komponierten Kontrast« zu Fausts Monolog zu Beginn der ersten »Studierzimmer«-Szene bildet (Schmidt, S. 104) – in eine Verfluchung all dessen aus, was den Menschen ausmacht und leitet (vgl.

V. 1587–1606). Auch den drei christlichen Fundamentalwerten Glaube, Hoffnung und Liebe gilt sein Fluch (vgl. 1. Kor. 13,13: »Nun aber bleiben Glaube, Hoffnung, Liebe, diese drei«). Durch diese Lästerung und Verneinung der christlichen Heilshoffnung gelangt er an den Punkt, an dem er »für den Teufel reif« ist (Schmidt, S. 106). Schon seit dem frühen Christentum galten existenzielle Verzweiflung *(desperatio)* und Selbstmordgedanken als untrügliche Anzeichen, dass der Mensch unter die Herrschaft des Teufels geraten sei. Noch bei Luther ist diese Vorstellung außerordentlich lebendig. Mit Bezug auf Augustinus erklärte der Reformator: »Daher haben die Alten gesagt / Caput Melancholicum est Diaboli paratum balneum« (»Ein melancholisches Haupt ist ein Badehaus des Teufels«); auch war er sich gewiss: »Denn der Teufel hat Lust dazu, daß er einen Melancholicus aus mir mache.« (Beide Zitate nach: Schmidt, S. 106.) Goethe greift diese Vorstellung auf und motiviert so den Pakt zwischen Faust und dem Teufel. Die Wette, die zur Grundlage des Pakts wird, deutet dann allerdings nicht mehr zurück auf die Tradition, sondern führt ins Zentrum von Goethes eigenem Menschenbild.

Pakt und Wette

Der Pakt und die Wette, die Faust und Mephistopheles eingehen, sind in der *Faust*-Forschung sehr unterschiedlich gedeutet und bewertet worden. Manche Interpreten – etwa Erich Trunz in seinem Kommentar zur *Hamburger Ausgabe* – sprechen ausschließlich von einer Wette, die bei Goethe an die Stelle des überlieferten Teufelspakts getreten sei. Doch ist im *Faust* schon in der ersten »Studierzimmer«-Szene von einem Pakt die Rede (vgl. V. 1413–1415). Bemerkenswerterweise ist es dort Faust selbst, der die Möglichkeit eines Pakts ins Spiel bringt, nachdem er mit Befriedigung zur Kenntnis genommen hat, dass auch die Hölle Regeln und Gesetze anerkennen muss. Damit ist der Boden für das Kommende bereitet. Gleichwohl ergreift Mephistopheles nicht sofort die Gelegenheit, sein Opfer an sich zu binden (vgl. V. 1418–1421 und 1424 f.), weil er spürt, dass Faust im Augenblick wieder innerlich gefestigter ist. Daher wartet er die nächste melancholische Krise des Gelehrten ab, um ihn dann umso gewisser in seine Fänge zu bekommen.

Diese Situation ist in der zweiten »Studierzimmer«-Szene gegeben (vgl. V. 1530–1606). Entsprechend kommt Mephistopheles nun schnell zur Sache. Zunächst unterbreitet er sein Angebot in allgemeinen Worten, ohne zu erwähnen, was dabei für Faust auf dem Spiel steht (vgl. V. 1635–1648). Doch Faust misstraut dem Teufel und verlangt, dass er seine Bedingung offen ausspreche. Daraufhin formuliert Mephistopheles, wie er sich den Pakt denkt: »Ich will mich h i e r zu deinem Dienst verbinden, / Auf deinen Wink nicht rasten und nicht ruhn; / Wenn wir uns d r ü b e n wiederfinden, / So sollst du mir das Gleiche tun.« (V. 1656–1659) – Diese Formel entspricht dem Teufelsbund der Faust-Überlieferung. Einen solchen Pakt konnte Goethe seinen Faust jedoch nicht eingehen lassen, und zwar gleich aus mehreren Gründen:

Zum einen glaubte er und glaubte seine Epoche, anders als die Menschen im 16. Jahrhundert, nicht mehr an den Teufel und die ewige Verdammnis. Was seinerzeit noch Grausen und unerhörten Schrecken hatte auslösen können – die Vorstellung, dass jemand sich mit dem Teufel einlässt und dafür in Kauf nimmt, nach Ablauf der gesetzten Frist ewig in der Hölle zu schmoren –, wäre um 1800 nur noch als Konflikt einer vergangenen Epoche wahrgenommen worden.

Zweitens hatte Goethe seinen Faust ja als Figur angelegt, die ganz auf sich fixiert ist, versessen auf Erkenntnis und Empfindungsfülle, aber kaum daran interessiert, sich vor anderen in Szene zu setzen und ein wildes Leben zu führen.

Diese Umlenkung von Fausts maßlosem Anspruch nach innen hat zur Konsequenz, dass die Dienste, die der Teufel ihm anbietet, für ihn weniger wert sind als für den Magier Faustus der Legende. Entsprechend verächtlich reagiert er auf die großspurige Ankündigung von Mephistopheles, er biete ihm, »was noch kein Mensch gesehn«: »Was willst du armer Teufel geben? / Ward eines Menschen Geist, in seinem hohen Streben, / Von deinesgleichen je gefasst?« (V. 1674–1677)

Drittens schließlich war durch den von Goethe der Handlung vorgeschalteten »Prolog im Himmel« eine ganz andere Bewährungsprobe für Faust vorgegeben. Dort hatte der HERR Mephistopheles erlaubt, den Versuch zu unternehmen, Faust von seinem Weg abzubringen (vgl. V. 312–316 und 323–326). Was das bedeutet, blieb dabei zunächst unklar. Erst nachträglich sprach der HERR aus, wie er die Prüfung verstehe: »Des Menschen Tätigkeit kann allzu leicht erschlaffen, / Er liebt sich bald die unbedingte Ruh; / Drum geb ich gern ihm den Gesellen zu, / Der reizt und wirkt, und muss, als Teufel, schaffen.« (V. 340–343) Allerdings ist kaum zu glauben, der HERR halte es für möglich, dass auch Faust in Gefahr sei, zu »erschlaffen« und sich der »unbedingte[n] Ruh« hinzugeben. Schon gar nicht scheint sich Mephistopheles über Fausts Wesen zu täuschen: »Nicht irdisch«, weiß er, »ist des Toren Trank noch Speise. / [...] / Und alle Näh und alle Ferne / Befriedigt nicht die tiefbewegte Brust.« (V. 301 und 306 f.) Warum er sich dennoch gerade Faust aussucht, um vor dem HERRN als Schalk und Teufel zu bestehen, bleibt sein Geheimnis. Vielleicht liebt er die besondere Herausforderung. Jedenfalls gibt er sich genauso zuversichtlich (vgl. V. 330–335), wie der HERR gelassen bleibt und vorhersieht, dass der Teufel letztlich nichts wird ausrichten können (vgl. V. 308–311, 327–329 und 336).

Durch den »Prolog im Himmel« ist dem Teufelspakt bereits viel von seiner Dramatik genommen. Auch auf *Faust* lässt sich somit die berühmte Äußerung des alten Goethe in einem Brief an Zelter beziehen, er sei »nicht zum tragischen Dichter geboren, da meine Natur konziliant [umgänglich, versöhnlich] ist; daher kann der rein tragische Fall mich nicht interessieren, welcher eigentlich von Haus aus unversöhnlich sein muß, und, in dieser, übrigens so äußerst platten Welt kommt mir das Unversöhnliche ganz absurd vor« (31. Oktober 1831).

Wie man weiß, hat auch die *Faust*-Dichtung einen versöhnlichen Schluss. Zwar glaubt Mephistopheles am Ende von *Faust II*, die Wette gewonnen zu haben, weil Faust – in seiner Rolle als Kolonisator, der dem Meer neues bewohnbares Land abgewonnen hat – Augenblicke vor seinem Tod sich scheinbar endlich doch ganz dem ruhigen, befriedigten Genuss hingegeben hat: »Solch ein Gewimmel möcht' ich sehn, / Auf freiem Grund mit freiem Volke stehn. / Zum Augenblicke dürft' ich sagen: / Verweile doch, du bist so schön! / Es kann die Spur von meinen Erdetagen / Nicht in Äonen untergehn. – / Im Vorgefühl von solchem hohen Glück / Genieß' ich jetzt den höchsten Augenblick.« (V. 11579–11586) Der von Goethe mit Bedacht gesetzte Konjunktiv II »dürft'« (in einer Vorfassung stand noch der Indikativ »darf«) sowie der Hinweis darauf, dass der Genuss des Augenblicks lediglich im Vorgriff auf ein noch ausstehendes Ziel erfolgt, das weitere Tätigkeit erfordert, relativieren allerdings den Triumph des Teufels und deuten darauf hin, dass Faust sich auch im Moment des Todes noch treu geblieben ist. Letztlich lässt Goethe die Frage nach dem Ausgang der Wette offen und zeigt damit, wie wenig entscheidend sie ihm erscheint. Für das Erlösungsgeschehen der Schlussszene »Bergschluchten« ist sie jedenfalls offenkundig ohne Bedeutung. So verhält sich Goethe als Autor ganz ähnlich, wie er den HERRN gleich zu Beginn sprechen lässt: »Wenn er mir jetzt auch nur verworren dient, / So werd ich ihn bald in die Klarheit führen.« (V. 308 f.)

Die Entdramatisierung der Charakterprobe Fausts zeigt sich auch darin, dass die Wette, die Faust und Mephistopheles laufen haben, zwischen ihnen später nicht mehr erwähnt wird. Sie tritt im weiteren Verlauf der Handlung vollkommen in den Hintergrund und kommt erst am Ende von *Faust II*, als Mephistopheles seinen vermeintlichen Triumph beansprucht, noch einmal kurz zur Sprache. Pakt und Wette sind demnach einfach dramaturgische Mittel, die Seite in Faust hervortreten zu lassen, die von Mephistopheles verkörpert wird: seine nihilistischen, destruktiven Tendenzen. Vom Moment der Wette an ist diese dunkle Seite der Persönlichkeit Fausts dessen ständiger sichtbarer Begleiter. Jochen Schmidt hat diese Umwertung der aus der Faust-Legende überlieferten Konstellation prägnant beschrieben: »*Nicht wie in der Tradition geht es um den Abfall von Gott, vielmehr um den Abfall von sich selbst:* um eine radikale Form der Selbstentfremdung. Goethe säkularisiert das überlieferte Schema von Fausts Bündnis mit dem Teufel, indem er es psychologisiert. Er gestaltet es zu einer seelischen Konstellation. Der Teufelspakt ist für ihn Metapher eines seelischen Risikos.« (Schmidt, S. 130)

Diese Neuinterpretation des Teufelspakts durch Goethe wird auch an der Formulierung des Wetteinsatzes durch Faust deutlich: »Werd ich beruhigt je mich auf ein Faulbett legen; / So sei es gleich um mich getan! / [...] / Kannst du mich mit Genuss betrügen; / Das sei für mich der letzte Tag! / Die Wette biet ich!« (V. 1692 f. und 1696–1698) Er reagiert damit auf Mephistopheles' Versuch, ihm die bequeme genussreiche Ruhe, die der HERR als die größte Versuchung der Menschen genannt hatte, schmackhaft zu machen: »Doch, guter Freund, die Zeit kommt auch heran / Wo wir was Guts in Ruhe schmausen mögen.« (V. 1690 f.) Diese Vorstellung ist Faust jedoch so wesensfremd, dass er sich sogleich animiert fühlt, den Teufel mit einer Wette herauszufordern. Entscheidend ist dabei, dass sein Wetteinsatz nicht lautet, er werde, für den Fall, dass er die Wette verliere, dem Teufel nach Ablauf der zwischen ihnen vereinbarten Frist gehören. Von solch einer Frist, die traditionell zum Teufelsbund gehört, ist bei Goethe überhaupt nicht mehr die Rede. Stattdessen erklärt Faust: Wenn er verliere, so »sei es gleich um mich getan«, so sei das »für mich der letzte Tag«. Damit wird deutlich, dass er nicht von der Gefahr der ewigen Verdammnis spricht, sondern von der Gefahr des Identitätsverlusts. Sollte er sich selbst so abhandenkommen, dass aus ihm ein selbstzufriedener Genießer wird, so möchte er lieber gleich sterben.

Seine Identität zu bewahren, heißt für Faust: am idealistischen Streben nach umfassender Erkenntnis und nach schöpferischer Gestaltung festzuhalten, gegen alle frustrierenden Erfahrungen des Scheiterns und des Unzureichenden des menschlichen Vermögens, diesen hohen Ansprüchen zu genügen. Seine Aufgabe ist es, die destruktiven Impulse unter Kontrolle zu behalten, die zwangsläufig aus der Enttäuschung über die unausweichlichen Erfahrungen des Scheiterns erwachsen. Die Verkörperung dieser destruktiven Impulse ist Mephistopheles, »der Geist der stets verneint« (V. 1338, vgl. auch V. 1339–1344). Indem sich Faust, trotz aller Schuld, die er auf dem Weg durch die Welt auf sich lädt, letztlich gegen diesen zerstörerischen Trieb in sich – der sich ebenso gegen sich selbst wie gegen andere richtet – behauptet, beweist er, dass er seinem besseren Selbst treu geblieben ist. So bleibt Mephistopheles, seinem schlechteren Selbst, am Ende das Nachsehen – ganz, wie es der HERR schon am Anfang vorausgesagt hat.

IV Exemplarische Interpretationen

1 Welche Funktion hat die zweite Szene »Straße«? (V. 3025–3072)

Einordnung in den Handlungsverlauf

Die Szene ist die letzte von drei Gesprächsszenen zwischen Faust und Mephistopheles, die um die vorbereitenden Schritte zur Verführung Gretchens kreisen. In der ersten dieser Szenen (»Straße«, dort ab V. 2619) forderte Faust von Mephistopheles unmittelbar nach der ersten kurzen Begegnung mit Gretchen: »Hör, du musst mir die Dirne schaffen!« (V. 2619) Gegen Ende der zweiten Szene (»Spaziergang«, was »Spazierweg« bedeutet; im *Urfaust* ist die Szene noch »Allee«, also baumbestandene Promenade, überschrieben; V. 2805–2864) erteilte Faust seinem Helfer den ruppig formulierten Auftrag: »Und mach, und richt's nach meinem Sinn!« (V. 2857) Nun, zu Beginn der dritten Szene, bedrängt Faust Mephistopheles ungeduldig: »Wie ist's? Will's fördern? Will's bald gehn?« (V. 3025)

Der Ton, den Faust Mephistopheles gegenüber anschlägt, steht in auffälligem Kontrast zu der schwärmerisch-empfindsamen Andacht, die er in der Szene »Abend« zeigt, als er sich unerlaubt in Gretchens Zimmer aufhält (vgl. V. 2685–2728). Fausts Grobheit macht deutlich, wie sehr er mit sich im Unreinen ist. Er lässt sich von seiner Begierde hinreißen, empfindet diese Herrschaft des sexuellen Triebs über sein Wünschen und Wollen aber zugleich als entwürdigend. Um dies zu kaschieren, verfällt er in die Pose des skrupellosen Don Juan (vgl. V. 2627, 2633–2638, 2642–2644 und 2653), die allerdings angesichts seines früheren Bekenntnisses, dass ihm »die leichte Lebensart« fehle (V. 2056), wenig überzeugend wirkt und von Mephistopheles auch mühelos durchschaut und schonungslos ironisiert wird (vgl. V. 2628 und 2645).

Zwischen der ersten und zweiten der drei Gesprächsszenen wird Gretchen, das Verführungsopfer, in ihrer Kammer gezeigt, in die Faust bereits heimlich eingedrungen ist und in der es schließlich zum Beischlaf kommen wird. Dabei werden die Reinlichkeit ihres Zimmers (die auch für ihre eigene Reinheit steht), ihre Vorahnung süßer Gefahr (vgl. V. 2753–2758), ihr Wunsch nach romantischer Liebe und Treue sowie nach Erhöhung ihres sozialen Status (in der Ballade vom »König in Thule«, vgl. V. 2759–2782) und schließlich auch ihre Verführbarkeit (vgl. V. 2783–2804) hervorgehoben. Zudem wird sie als Sexualobjekt ausgestellt, auch wenn die Regieanweisung »*Sie fängt an zu singen, indem sie sich auszieht*« (vor V. 2759), nicht besagt, dass sie sich vollständig entkleidet, sondern lediglich »bis auf ein wadenlanges Unterhemd, das man üblicherweise auch zum Schlaf anbehielt und erst am Wochenende wechselte« (Schöne, S. 295).

Zwischen der zweiten und der dritten Gesprächsszene wird in der Szene »Der Nachbarin Haus« mit Frau Marthe die Figur vorgestellt, die die Rolle der Kupplerin spielen wird. Mephistopheles spricht hier unangemeldet vor, als Gretchen gerade zu Besuch ist, und tischt eine Lügengeschichte vom Tod des Manns von Frau Marthe in Padua auf, die den Vorwand bildet, ein zweites Treffen für den Abend desselben Tages in Frau Marthes Garten zu verabreden, bei dem der angebliche Reisebegleiter von Mephistopheles, nämlich Faust, als zweiter Gewährsmann den Tod des notorisch untreuen Herrn Schwerdtlein offiziell bezeugen soll (vgl. V. 3008–3024).

Untersuchung der Szene
In der Szene wird Faust, umgangssprachlich ausgedrückt, von Mephistopheles gezwungen, von seinem hohen Ross herabzusteigen, auf dem er bis dahin gesessen hat. Bis zu diesem Zeitpunkt hat er Mephistopheles immer sehr von oben

herab behandelt: schon als er die Wette mit ihm abschloss; dann als er sich in den Szenen »Auerbachs Keller in Leipzig« und »Hexenküche« demonstrativ angewidert zurückhielt, während Mephistopheles seine Späße trieb; und zuletzt, als er den Teufel herumkommandierte, damit er ihm Gretchen in die Arme treibe.

Auch jetzt noch möchte er gern so tun, als habe er mit den Machenschaften seines Helfers nichts zu schaffen. Dass Mephistopheles Frau Marthe als ideale Kupplerin ausgemacht hat, findet noch seinen Beifall (vgl. V. 3027–3031). Empört weist er dagegen die Zumutung zurück, mit einer Falschaussage das Vertrauen Frau Marthes zu erschleichen. Zuerst stellt er sich so, als verstehe er gar nicht, worauf Mephistopheles hinauswill (vgl. V. 3036). Dann erklärt er kategorisch: »Wenn Er nichts Bessers hat, so ist der Plan zerrissen.« (V. 3039)

So viel Scheinheiligkeit aber lässt sich Mephistopheles nun doch nicht bieten. Habe Faust, fragt er provozierend, als Hochschullehrer nicht oft »mit großer Kraft« (Überzeugungskraft), mit »frecher Stirne, kühner Brust« »Definitionen« »von Gott, der Welt« und vom »Menschen« gegeben (V. 3043–3046), ohne über verlässlichere Erkenntnisse zu verfügen als hier in Bezug auf Herrn Schwerdtleins Tod? Tatsächlich hatte Faust ja in seinem Monolog in der Eingangsszene des Dramas eingestanden, er habe sich »der Magie ergeben«, auf dass »ich nicht mehr mit sauerm Schweiß / Zu sagen brauche, was ich nicht weiß« (V. 377 und 380 f.). Entsprechend fühlt er sich ertappt und reagiert wieder einmal – wie schon bei Mephistopheles' süffisantem Hinweis in der zweiten »Studierzimmer«-Szene, er habe, allem zur Schau getragenen Lebensüberdruss zum Trotz, neulich doch darauf verzichtet, das tödliche Gift zu nehmen (vgl. V. 1579 f.) – mit hilfloser Wut und Beschimpfungen: »Du bist und bleibst ein Lügner, ein Sophiste« (ein Wortverdreher, V. 3050, vgl. V. 1581).

Mephistopheles beeindruckt das nicht (vgl. V. 3051). Vielmehr hakt er nach und bohrt noch ein bisschen tiefer, indem er die Ehrlichkeit der Beteuerungen ewiger Liebe in Zweifel zieht, die Faust bei nächster Gelegenheit Gretchen gegenüber ablegen wird (vgl. V. 3052–3054 und 3055–3058). Fausts Versuche, seine Aufrichtigkeit zu beteuern (vgl. V. 3055) und das namenlose Gefühl, das Gretchen jenseits der sexuellen Begierde in ihm geweckt hat, gegen den unausgesprochenen Vorwurf zu verteidigen, es diene nur der Beschönigung des verleugneten Sexualtriebs (vgl. V. 3059–3066), beantwortet der Teufel mit der trockenen Bemerkung: »Ich hab doch recht!« (V. 3067) Und auch Faust lässt am Ende seiner Rechtfertigungsrede – die mit ihrem Unsagbarkeitstopos bereits auf das Religionsgespräch vorausweist (vgl. V. 3426–3465) – Zweifel an der Aufrichtigkeit seiner Selbstverteidigung durchklingen. Die Frage »Ist das ein teuflisch Lügenspiel?« (V. 3066) ist zwar rhetorisch und als Herausforderung gemeint, stellt aber immerhin die Möglichkeit in den Raum, dass es sich tatsächlich um ein solches handle. Unmittelbar darauf bricht Faust das Streitgespräch ab – auch dies ein Anzeichen dafür, dass ihm die Argumente ausgehen. Dabei gibt er schnell den anfangs noch einmal angeschlagenen auftrumpfenden Ton – »Hör! merk dir dies –« (V. 3067) – auf und gesteht ein, dass alles weitere Schwätzen (und damit auch sein eigenes) überflüssig sei, denn »du hast recht, vorzüglich weil ich muss« (V. 3072).

Zum Schluss bekennt sich Faust also dazu, ein von seinem sexuellen Begehren Getriebener zu sein. Er wird das falsche Zeugnis ablegen und sich so endgültig zum Komplizen von Mephistopheles machen. Zwar wird er bis zuletzt versuchen, die Schuld für alles Unglück, das er verursacht, bei Mephistopheles zu suchen. Doch wird es ihm nicht mehr möglich sein, sich wie zuvor von seinem ständigen Begleiter zu distanzieren, der ihn so gründlich durchschaut hat. Das zeigt nicht zuletzt die Äußerung in der Szene »Wald und Höhle« vom »Gefährten, den ich schon nicht mehr / Entbehren kann, wenn er gleich, kalt und frech, / Mich vor mir selbst erniedrigt [...]« (V. 3243–3245).

Vergegenwärtigt man sich abschließend, dass Mephistopheles kein unabhängiger Widersacher Fausts ist, sondern eine Seite von dessen Persönlichkeit repräsentiert, so wird deutlich, dass die Funktion der untersuchten Szene darin besteht, Faust an den Punkt zu bringen, an dem er bereit ist, sich einzugestehen, dass sein bisheriges Verhalten scheinheilig gewesen ist, dass Gretchen für ihn, auch wenn er sie aufrichtig zu lieben glaubt, eine Episode bleiben wird und dass er dennoch nicht bereit ist, auf sie zu verzichten. Er erkennt an, dass sein Trieb stärker ist als sein Gewissen. Dieser Egoismus bildet das Fundament seines verwerflichen Handelns gegenüber Gretchen und seiner späteren Weigerung, seine Verantwortung für ihr Schicksal anzuerkennen (vgl. die Szene »Trüber Tag. Feld«).

2 Wie ist die letzte Begegnung zwischen Faust und Gretchen (»Kerker«) gestaltet?

Seiner »konziliant[en]« »Natur« entsprechend (vgl. S. 112 dieses Bands), hat Goethe den tragischen Charakter seiner *Faust*-Dichtung – der er gleichwohl als einzigem seiner dramatischen Werke die Gattungsbezeichnung Tragödie zuerkannte – durch Fausts Erlösung, die im Grunde schon im »Prolog im Himmel« angekündigt wird, erheblich gedämpft. Dieser Befund gilt jedoch nicht für das Ende von *Faust I*. »Der Tragödie erster Teil« besitzt vielmehr eine Schlussszene, die an tragischer Wirkung singulär in Goethes Werk ist und darüber hinaus zu den bewegendsten Dramenschlüssen der Weltliteratur gehört.

Dass Goethe den Schluss ganz auf eine erschütternde tragische Wirkung hin angelegt hat, darauf deuten schon die Signalwörter »Schauer« (»ein längst entwohnter Schauer«) und »Jammer« (»Der Menschheit ganzer Jammer«) in den ersten beiden Verszeilen der Szene (V. 4405 f.). Sie greifen die Kernwörter »Elend« und »Jammer« von Fausts Verzweiflungsausbruch in der drittletzten Szene »Trüber Tag. Feld« auf; vor allem aber beziehen sie sich auf die für die abendländische Dramatik maßgebliche Definition der Tragödie durch Aristoteles, der im sechsten Kapitel seiner *Poetik* erklärt, die Tragödie sei die Nachahmung einer Handlung, die »Jammer und Schaudern hervorruft und hierdurch eine Reinigung von derartigen Empfindungszuständen bewirkt« (zitiert nach Schmidt, S. 206).

Die tragische Wirkung der Szene beruht nicht nur auf dem furchtbaren Schicksal Gretchens, sondern vor allem auf der geistigen Zerrüttung, in der sie gezeigt wird. Jan Philipp Reemtsma deutet Gretchens Zustand als eine »durch die Folter erzeugte Psychose« (in: *Folter. Zur Analyse eines Herrschaftsmittels.* Hamburg 1991, S. 11). Für eine solche ›peinliche Befragung‹ gibt es im Text keine Anhaltspunkte. Auch hat die Analyse der Gretchenfigur gezeigt, dass ihre geistige Zerrüttung in den Umständen ihrer Herkunft, des Verhaltens von Faust und der Bigotterie ihres Umfelds bereits angelegt ist (vgl. S. 98–102 dieses Bands). Dennoch entspricht Gretchens Lage im Kerker, auch ohne zusätzliche körperliche Torturen, natürlich einer psychischen und auch physischen Folter.

Ihr Wahnsinn weckt dabei Erinnerungen an den Wahnsinn einer anderen Liebenden der Weltliteratur, die an dem Verhalten des Geliebten zugrunde geht, an Ophelia in Shakespeares *Hamlet* (1602).

Gretchens Gedanken kreisen um ihr totes Kind. Als Faust sich draußen nähert und das Schloss der Kerkertür ergreift, hört er, wie Gretchen im Kerker vor sich hin singt. Die Regieanweisung »*Es singt inwendig*« (vor V. 4412) macht vordergründig lediglich deutlich, dass Faust Gretchen noch nicht sehen kann und damit auch nicht weiß, ob sie es ist, die da singt. Sie zeigt aber zugleich an, wie sehr Gretchen bereits zum bloßen Sprachrohr ihres Unbewussten geworden ist. Ihr Geist sinkt ins Unpersönliche zurück. Das Lied vom Machandelbaum, das sie singt, gehört zur volkstümlichen Überlieferung. Gretchen erinnert sich gerade an dieses Lied, weil sie sich mit ihrem toten Kind identifiziert (vgl. V. 4412–4415). Hier wie an vielen anderen Stellen ist die Schlussszene strukturell mit den vorausgegangenen Szenen der Gretchenhandlung verknüpft. Das Lied vom Machandelbaum ist ein Echo auf die volksliedhafte Ballade vom »König in Thule«, die kurz nach der ersten flüchtigen Begegnung mit Faust Gretchens geheime Sehnsüchte nach Liebe und Treue enthüllt hatte. Die verstörenden Verse des Machandelbaum-Lieds machen deutlich, was aus diesen Hoffnungen geworden ist.

Als Faust zu ihr tritt, erkennt ihn Gretchen zunächst nicht. Sie hält ihn für den Henker. Das zeigt den Grad ihrer geistigen Verwirrung. Diese Verkennung enthält aber zugleich ein Element höherer Wahrheit. Das Gleiche gilt für die erschütternden Verse: »Lass mich nur erst das Kind noch tränken. / Ich herzt es diese ganze Nacht; / Sie nahmen mir's um mich zu kränken / Und sagen nun, ich hätt es umgebracht.« (V. 4443 bis 4446) Auch hier kommt die eigentliche Wahrheit von Gretchens Wesen und ihrem Wünschen zum Vorschein: Wie dem kleinen Schwesterchen, das sie versorgt hat und das ebenfalls nicht überlebt hat (vgl. V. 3121–3148), möchte sie auch dem eigenen Kind ihre ganze Liebe und Fürsorge schenken. Allein die unbarmherzige Haltung der Gesellschaft, die ledige Mütter öffentlich brandmarkt und aus der Gemeinschaft ausstößt, führt zum Verzweiflungsakt der Tötung des eigenen Kindes.

Stilisierung nach dem Bild der heiligen Margarethe

Wie Shakespeare lässt Goethe eine Wahnsinnige die tiefere Wahrheit aussprechen; der Wahnsinn verweist so auf den Zustand einer aus den Fugen geratenen Welt.

In Gretchens Verstörung bildet sich aber auch »noch einmal die uralte Vorstellung vom Wahnsinn als morbus sacer, als ›heiliger Krankheit‹ ab. Die von Gott Geschlagene ist zugleich doch die Gott-Nahe.« (Schöne, S. 376) Diese Nähe zu Gott hat Goethe entschieden betont, als er die noch in Prosa verfasste Szene des *Urfaust* für *Faust I* umarbeitete. Wie Goethes Faustfigur auf einer Legendengestalt aus dem 16. Jahrhundert beruht, so wird in der Endfassung der Schlussszene nun auch hinter Gretchen das Bild einer Legendengestalt sichtbar – das der heiligen Margarethe, von der der 1563 in Köln erschienene *Chorus Sanctorum Omnium*, den Goethe besaß, berichtet, sie sei ein frommes Mädchen gewesen, das sich im Alter von 15 Jahren – also im Alter von Goethes Gretchen (vgl. V. 2627) – den Annäherungsversuchen eines heidnischen Statthalters verweigert und sich vor ihm zu ihrem Christentum bekannt habe, worauf sie ins Gefängnis geworfen worden sei. Dort sei sie von einem höllischen Drachen aufgesucht worden, der sein Maul weit aufgerissen habe, um sie zu verschlingen. Sie habe sich auf die Knie geworfen und Gott um Rettung angefleht, woraufhin sie den »Drachen (das der Deufel selbst war) überwandt und veriagt« (zitiert nach Schöne, S. 377). Als sie später noch einem anderen Teufel, der ihr in anderer Gestalt erschienen sei, standgehalten habe, habe Gott ihren finsteren Kerker zur Zeichen seiner Gnade mit einem hellen und klaren Licht übergossen, das sie vor der Heimsuchung durch weitere Teufel bewahrt habe. So war ihr himmlisches Heil gesichert, als der Henker sie schließlich enthauptete.

Dass Goethe Gretchen im Kerker ebenso der Versuchung widerstehen lässt, dem Verführer und seinem Begleiter, dem Teufel, in die vermeintliche Freiheit zu folgen, lässt zum einen

Gretchens innere Reinheit

»Kerker«. Lithographie zu »Faust I« von Ferdinand Victor Eugène Delacroix (1798 bis 1863). Goethe äußerte sich gegenüber Eckermann sehr anerkennend über die »Faust«-Lithographien von Delacroix: »Da muß man doch gestehen, daß man es sich selbst nicht so vollkommen gedacht hat.« (29. November 1826)

den Schluss zu, dass sie in Goethes Augen trotz ihrer Liebesbeziehung zu Faust, trotz der Preisgabe ihrer Jungfernschaft und trotz der Tötung des Kindes innerlich so rein geblieben ist wie die heilige Margarethe. An dieser Haltung zeigt sich die neue Einstellung der Sturm und Drang-Generation gegenüber der Liebe, die auch als erfüllte, körperliche Liebe gegen das Verdikt der überlieferten Moralanschauungen und Sittengesetze verteidigt wurde. Zum anderen bereitet Gretchens Verhalten im Kerker die Intervention der erlösenden »STIMME von oben« vor, die im *Urfaust* noch fehlte. Während Gretchen, als sie ›noch bei Vernunft‹ war, ihr bereits vorhandenes feines Gespür für den Teufel beziehungsweise das Teuflische in ihrem Geliebten unterdrückt hat (vgl. V. 3469–3500), vertraut sie nun, als Wahnsinnige, ganz auf ihr Gefühl: Zwar wirkt sie, als Faust sie zum ersten Mal überhaupt beim Namen nennt (vgl. V. 4460), zunächst wie erlöst (vgl. V. 4461–4480);

Gretchens innerliche Rettung

aber sie merkt schnell, dass das eine trügerische Hoffnung ist. Der Geliebte bleibt ihr fremd (vgl. V. 4484–4497 und 4510 bis 4517) und auch sie selbst kommt sich, nach allem, was geschehen ist, verwandelt vor (vgl. 4504 f. und 4507 f.). Sie schaut auf die unausweichliche Zukunft, auf die Gräber der Toten (ihrer Mutter, ihres Bruders, ihres Kindes und ihr eigenes, vgl. V. 4521–4541) und ihre bevorstehende Hinrichtung (vgl. V. 4580–4595). Der Gedanke an Flucht erscheint ihr, wohl zu Recht, sinnlos (vgl. V. 4542–4549). Hier fließt wieder historische Erfahrung mit ein: Der Frankfurter Kindesmörderin Susanna Margaretha Brandt, deren Schicksal den Anstoß zur Gestaltung der Gretchentragödie gegeben hat, gelang die Flucht. Sie wurde aber, nach Aussetzung eines hohen Kopfgelds, schnell wieder eingefangen.

Rettung für Gretchen ist nicht bei Faust, sondern nur in Gott. Rettung ist das durchgängige Motiv der Schlussszene. Anhand dieses Motivs wird Gretchens entscheidende letzte Wandlung sinnfällig, die sie am Ende erlösungsfähig macht. Während ihr zunächst noch die eigene Rettung und Befreiung vor Augen steht (vgl. V. 4471–4474), denkt sie bald, nachdem sie sich entschlossen hat, im Kerker zu bleiben, nur noch an die Rettung des Kindes, die natürlich keine reale Hoffnung, sondern nur eine vom Wahn ermöglichte Wunschvorstellung ist (vgl. V. 4551–4562). Mit dieser Wendung hin zur Sorge um das Kind vollzieht sich ihre eigene innerliche Rettung. Durch sie erlangt sie, in religiösen Begriffen, ihr Seelenheil. Sie erkennt den Teufel und flieht zu Gott. Ihre letzten Worte gelten allerdings dem Menschen, dem sie ihre Liebe geschenkt und der ihr Leben zerstört hat. Diese Ambivalenz kommt abschließend noch einmal in voller Schärfe zum Ausdruck: »Heinrich! Mir graut's vor dir.« (V. 4610) »Heinrich! Heinrich!« (V. 4612) Mit diesen Ausrufen des Entsetzens und der Sehnsucht schließt die Tragödie.

V Literaturgeschichtliche Einordnung

Goethes *Faust I* ist in seinem Ansatz, in der frühen Fassung des *Urfaust*, ein Produkt des Sturm und Drang. Vollendet wurde die Dichtung allerdings erst dreißig Jahre später, als Goethe sich längst klassischen Idealen verschrieben hatte und in der Kunst nicht mehr Subjektives zur Geltung zu bringen, sondern Objektives zu gestalten bestrebt war. Der »barbarischen Komposition« seines *Faust* (an Schiller, Brief vom 27. Juni 1797) stand er zu dieser Zeit mit innerer Ablehnung gegenüber. Seinen Vorsatz, das Werk, das schon in der *Fragment*-Fassung von 1790 so großen Eindruck gemacht hatte, fertigzustellen, begründete er in erster Linie mit dem Wunsch, sich künftig »von aller nordischer Barbarei los[ ]sagen« und sich »reinen und edlen Gegenständen« zuwenden zu können, wie sie in der antiken Kunst als Muster aufgestellt waren (an Aloys Ludwig Hirt, Brief vom 25. Dezember 1797).

Diese Äußerungen zeigen, wie deutlich sich Goethe bewusst war, dass seine Faust-Figur mit ihrer inneren Zerrissenheit nicht ins Klassisch-Ausgewogene würde umgedeutet werden können. Dem inzwischen auf die klassische Antike hin orientierten Goethe blieb nichts weiter übrig, als bei der Überarbeitung der bereits vorhandenen Teile und der Ergänzung der noch bestehenden Lücken manches Überexaltierte der frühen Fassung zu dämpfen und einige Akzente zu setzen, die seinem gewandelten Menschenbild entsprachen. Das ändert jedoch nichts am grundsätzlichen Befund, dass *Faust I* auch in der Endfassung von 1806 ganz »subjektiv« ist, wie Goethe bereits am 22. Juni 1797 an Schiller geschrieben hatte und wie er noch in seinem vorletzten Lebensjahr Johann Peter Eckermann gegenüber bekräftigt hat – dort in Abgrenzung zum aufs Allgemeine, Symbolische zielenden zweiten Teil der Tragödie, der Goethes Selbstverständnis als Dichter seit seiner mittleren Schaffensperiode weit stärker entsprach, für den die Nachwelt sich aber bis heute in aller Regel viel weniger hat begeistern können als für den ersten Teil.

Der erste Teil ist fast ganz subjektiv; es ist alles aus einem befangeneren, leidenschaftlicheren Individuum hervorgegangen, welches Halbdunkel den Menschen auch so wohl tun mag. Im zweiten Teile aber ist fast gar nichts Subjektives, es erscheint hier eine höhere, breitere, hellere, leidenschaftslosere Welt, und wer sich nicht etwas umgetan und Einiges erlebt hat, wird nichts damit anzufangen wissen.

Johann Peter Eckermann, Gespräche mit Goethe in den letzten Jahren seines Lebens, 17. Februar 1831 (MA, Band 19, S. 410 f.)

Tendenzen des Sturm und Drang in »Faust I«

Der Sturm und Drang war eine Aufbruchsbewegung mehrerer kleiner Gruppen junger Autoren in den Siebzigerjahren des 18. Jahrhunderts, die schnell wieder verging (nachdem sich die Gruppen in Straßburg, Frankfurt und Göttingen wieder aufgelöst hatten), aber in der deutschen Literatur eine außerordentliche Nachwirkung hatte.

In Straßburg nahm alles seinen Anfang, als Goethe im April 1770 dort eintraf, um sein Studium abzuschließen. In der Tischgesellschaft des eine Generation älteren, am Straßburger Vormundschaftsgericht tätigen Juristen Johann Daniel Salzmann (1722–1812) wurde er schnell zum Mittelpunkt eines Zirkels literarisch interessierter junger Leute. Im September 1770 machte er dann die entscheidende Bekanntschaft des bereits als Literatur- und Kulturtheoretiker hervorgetretenen

Theologen Johann Gottfried Herder, dessen Ideen und Anregungen er begierig aufnahm und weiterentwickelte. Herder hielt sich wegen einer Augenbehandlung bis April 1771 in Straßburg auf. Er propagierte die damals neue und bahnbrechende Anschauung, dass Dichtung nicht angeblich ewigen, unveränderlichen Formgesetzen, sondern vielmehr ihrem spezifischen Entstehungsumfeld entsprechen solle. Damit rückte die Vorstellung geschichtlichen Wandels in den Blick; und indem den überlieferten Regelpoetiken ihre Autorität abgesprochen wurde, stellte sich die Frage, welche Maßstäbe denn für eine zeitgemäße Dichtung gelten sollten.

Naheliegend war unter solchen Umständen die Rückbesinnung auf das Eigene der nationalen Kultur. Mit Herder begann das Interesse an der Volkspoesie, das nach 1800 auch die Heidelberger Romantik (Achim von Arnim und Clemens Brentano mit ihrer Sammlung *Des Knaben Wunderhorn*) und die Brüder Grimm (mit ihren *Kinder- und Hausmärchen* und *Deutschen Sagen*) beseelte. Herder gab 1778 und 1779 zwei Bände mit dem schlichten Titel *Volkslieder* heraus. In Herders Auftrag sammelte auch Goethe während seiner Ausflüge ins Elsass Volkslieder; zudem begann er, selbst Gedichte im Volksliedton (zum Beispiel das 1771 entstandene *Heidenröslein*) zu schreiben. Darüber hinaus rückte das 16. Jahrhundert in den Blick, das Zeitalter der Reformation, das eine Befreiung aus der Bevormundung durch eine abgelebte katholisch-südeuropäische Kultur und eine Wiedergeburt deutschen Wesens gebracht zu haben schien. Man ahmte den kernigen ›altdeutschen‹ Ton jener Zeit nach und identifizierte sich mit den eigenwilligen Menschen, die der Epoche ihren Stempel aufgedrückt hatten. Goethes Stoffwahl für sein Erstlingsdrama *Götz von Berlichingen* erklärt sich ebenso aus dieser Affinität wie die bald darauf begonnene Beschäftigung mit einem Stück über Faust.

Aus Widerstand gegen die südliche und lateinische Kultur und damit auch gegen die in Deutschland im 18. Jahrhundert auf ihren Höhepunkt gelangende kulturelle Hegemonie des Französischen blickte man nach England. Shakespeare wurde zur Leitfigur nordischen Dichtens. Herder las mit Goethe einen empfindsamen englischen Gegenwartsroman – Oliver Goldsmiths *Vicar of Wakefield* (1766) – und begeisterte sich für die vermeintlich altschottischen Heldengesänge des *Ossian*, die auch in Goethes *Werther*-Roman ihre Spuren hinterlassen haben. Besondere Anziehungskraft übte zudem die Auffassung vom dichterischen Genie aus, die sich zu Beginn des Jahrhunderts in einer intensiven philosophisch-ästhetischen Debatte in England herausgebildet hatte und die in der Formulierung des Earl of Shaftesbury (1671–1713) ihren bündigsten Ausdruck gefunden hatte: »Such a Poet is indeed a second Maker: a just Prometheus, under Jove.« (*Soliloquy or Advice to an Author*, 1710) Der Dichter als zweiter Schöpfer, der seine Werke gottgleich nach den Gesetzen seiner eigenen Persönlichkeit formt: Das wurde zu einer der wichtigsten Leitvorstellungen der Stürmer und Dränger. Goethes berühmte, vermutlich im Herbst 1773 entstandene *Prometheus*-Hymne feiert diesen Triumph eigenen Schöpfertums, der sich fast zwangsläufig mit einem Aufbegehren gegen die hier als Vaterfigur noch personal vorgestellte Gottheit verbindet.

Diesem übersteigerten Anspruch, ein gottgleiches »Originalgenie« (so die von den Stürmern und Drängern bevorzugte Bezeichnung) zu sein, stand allerdings das Bewusstsein der eigenen Erfahrungsarmut entgegen. Reich war man nur an Bücherwissen und an Erfahrungen aus zweiter Hand. So beklagt der gerade einmal fünfundzwanzigjährige Herder in seinem Reisetagebuch von 1769, »ein Tintenfaß von gelehrter Schriftstellerei« geworden zu sein, »ein Wörterbuch von Künsten und Wissenschaften […], die ich nicht gesehen habe und

Thomas Braungardt als Faust und Matthias Reichwald als Mephistopheles in Tilmann Köhlers Inszenierung (Weimar 2008).

nicht verstehe, [...] ein Repositorium [Aktenschrank] voll Papiere und Bücher [...], das nur in die Studierstube gehört« (zitiert nach Schmidt 1985, S. 309 f.). Auch der kaum zwanzigjährige Student Goethe ergeht sich bereits in ähnlichen Klagen, die nicht nur als altkluge Pose betrachtet werden dürfen.

In diesem Spannungsfeld zwischen überzogenem Anspruch und unzufriedenem Eingeständnis des Mangels an genuinen Erfahrungen sowie Abscheu vor der Enge und gelehrten Verstaubtheit der Verhältnisse – noch Schillers Karl von Moor spricht verächtlich vom »tintenklecksenden Säkulum [Jahrhundert]« (*Die Räuber*, I, 2) – ist die innere Zerrissenheit von Goethes Faust, ist der Kern der Gelehrtentragödie bereits vorgezeichnet.

Die Gretchentragödie zeugt dagegen zum einen von der programmatischen Hinwendung der jungen Autorengeneration zum Natürlichen und Volkstümlichen und steht zum anderen für den sozialrevolutionären Impuls des Sturm und Drang, für seine entschiedene Kritik an den bestehenden gesellschaftlichen Verhältnissen. Wenn man glaubte, dass der unentwegte geschichtliche Wandel immer neue, zeitgemäße künstlerische Formen und Inhalte erfordere, warum dann nicht auch veränderte gesellschaftliche Haltungen und politische Machtverhältnisse? Nicht zufällig spielt in der Literatur des Sturm und Drang das in der Gretchentragödie so zentrale Thema des Kindesmords und des Schicksals der Kindesmörderinnen insgesamt eine prominente Rolle. Zu nennen sind hier das Stück *Die Kindermörderin* (1776) von Heinrich Leopold Wagner (1747–1779), der mit Goethe in Straßburg Jura studierte und später in Frankfurt als Anwalt tätig war, oder die im gleichen Jahr erschienene Erzählung *Zerbin oder die neuere Philosophie* von Jakob Michael Reinhold Lenz (1751– 1792), einem weiteren Freund Goethes aus der Straßburger Zeit und dem nach Goethe wohl wichtigsten Autor des Sturm und Drang. Zu nennen sind ferner Gottfried August Bürgers (1747–1794) Ballade *Des Pfarrers Tochter von Taubenhain* (1782) und Friedrich Schillers Gedicht *Die Kindsmörderin* (dessen Entstehungszeit unsicher ist); oder auch das Drama *Julie, oder die Gerettete Kinds-Mörderinn. Ein deutsches Original Schauspiel für unsere Zeiten in drey Aufzügen* (1782) und die Gedichte *Empfindungen einer unglücklich Verführten bey der Ermordung ihres Kindes* und *Setha, die Kindermörderin* der heute weithin vergessenen Autoren Friedrich Wilhelm Wucherer, Johann Friedrich Schink und Gotthold Friedrich Stäudlin.

In der Parteinahme all dieser Dichter für das Elend der ›gefallenen Mädchen‹ äußert sich das für den Sturm und Drang grundsätzlich kennzeichnende Aufbegehren gegen gesellschaftliche Machtverhältnisse und Zwänge sowie gegen die Unterdrückung von Liebe und körperlichem Begehren durch eine bigotte Moral.

Klassische Tendenzen in »Faust I«

Dem inzwischen über vierzigjährigen Goethe der Neunzigerjahre, der lange Zeit als Minister im Herzogtum Sachsen-Weimar-Eisenach politische Verantwortung getragen hatte, standen solche Tendenzen fern. Sowohl der sozialrevolutionäre Impetus des Sturm und Drang wie auch die Selbstvergottung der Ausnahmeexistenz, die Lust und das Leid des Individuums an seiner eigenen Problematik entsprachen nicht mehr seiner Lebenserfahrung und seiner Kunstanschauung. In den Neunzigerjahren begann, wie Werner Keller es formuliert hat, »Goethes ›Ungleichzeitigkeit‹: Als Dichter und als politischer Mensch stellte er sich bewußt gegen seine Gegenwart« und trat, aus innerer Feindschaft gegen die gewaltsame Umwälzung der Französischen Revolution (vgl. den gezielten Seitenhieb gegen den Kampfruf »Freiheit!« in den Versen 2244 und 2295), »gleichsam aus dem geschichtlichen Progreß heraus« (Keller 1978, S. 10).

Goethe sympathisierte mit Prozessen organischer Evolution. Er intensivierte seine naturwissenschaftlichen Forschungen und Betrachtungen, um sich im überstürzten Wandel der Welt an das Bleibende zu halten. Um 1795 entwickelte er seinen Typus-Begriff, der es ihm ermöglichte, das Individuelle, scheinbar für sich Stehende in einen Entwicklungszusammenhang einzuordnen. Diese Methode ließ sich, wie sich zeigte, auch auf die Dichtung anwenden. Am 16. und 17. August 1797, also wenige Monate nach Wiederaufnahme der Arbeit am *Faust*, teilte Goethe Schiller aus Frankfurt mit, er sei unter den Gegenständen seiner Beobachtung auf »eminente Fälle« gestoßen, »die, in einer charakteristischen Mannigfaltigkeit, als Repräsentanten von vielen andern dastehen«, sodass »sie eigentlich symbolisch sind«. Entsprechend habe er sich vorgenommen, seine Aufmerksamkeit auf der gegenwärtigen Reise nicht »aufs *merkwürdige* sondern aufs *bedeu-*

tende« zu richten. Für die Arbeit am *Faust* ergab sich daraus die Konsequenz, dass Fausts Bedeutung für Goethe nicht länger in seiner Einzigartigkeit, seiner Individualität lag, sondern in seiner Repräsentativität. Diese wird durch den »Prolog im Himmel«, der in dieser Arbeitsphase entstand, stark betont, wenn nicht überhaupt erst hergestellt. Die deutliche Analogie zwischen der Prüfung, der Hiob durch Gott unterzogen wird (vgl. das »Buch Hiob« im Alten Testament), und Fausts Charakterprobe unterstreicht zusätzlich Fausts Rolle als Repräsentant der Menschheit. Der Wirklichkeitsgehalt der Dichtung wurde zurückgenommen, ihre symbolische Bedeutung erhöht. Zugleich sorgt die Ankündigung des HERRN, er werde Faust, auch wenn dieser ihm »jetzt [...] nur verworren« diene, »bald in die Klarheit führen« (V. 308 f.), dafür, dass der Rezipient den Weg Fausts »zielorientiert verfolgen« kann, »und zwar mit Spannung nicht nur auf den Ausgang, sondern vorwiegend, um mit Brecht zu sprechen, auf den G a n g der Handlung« (Wertheim, S. 134). Der Charakter des Dramas als bedeutendes *Spiel* wird betont.

Erst durch Ergänzungen des ›klassischen‹ Goethe, durch die Äußerungen des HERRN im »Prolog im Himmel« und später die Formulierung der Wette zwischen Faust und Mephistopheles, rückt auch die Bedeutung des unermüdlichen Strebens als ideelles Grundmotiv des Stücks in den Vordergrund. Dieses Streben wird uneingeschränkt positiv bewertet. Es entspricht dem Perfektibilitätsgedanken der Aufklärung – der unentwegten Arbeit an sich, der Herausbildung von Humanität als sittlichem Ziel des einzelnen Menschen sowie der Menschheit insgesamt –, wie er auch in der Ringparabel von Lessings *Nathan der Weise* (1779) zum Ausdruck kommt: »Es strebe von euch jeder um die Wette, / Die Kraft des Steins in seinem Ring' an Tag / Zu legen!« (III, 7) Diese Leitvorstellung der Humanität teilen Aufklärung und Weimarer Klassik.

Auffällig ist ferner, dass mit den Partien, die Goethe in seiner klassischen Phase ergänzte, der monologische Charakter des Dramas verstärkt wird. Damit wird das dramatische Element, die belebte Handlung weiter zurückgedrängt. Zwar könnte man einwenden, die Ausweitung monologischer Abschnitte betone noch Fausts Eigensinn und seine Isoliertheit. Eine nähere Betrachtung der entsprechenden Passagen zeigt aber, dass Goethe diese Stellen nutzt, um Faust über seine Entwicklung und über seine Rolle als Stellvertreter der ganzen Menschheit reflektieren zu lassen. Im Monolog, der auf den Abgang Wagners folgt, beklagt Faust das vorläufige Scheitern seiner Bemühungen um Gottesebenbildlichkeit (vgl. V. 614 bis 655). In der monologartigen Naturbetrachtung »Vom Eise befreit sind Strom und Bäche [...]« (vgl. V. 903–940) in der Szene »Vor dem Tor« gelingt es ihm zum ersten Mal im Stück, von sich abzusehen und eine objektivere, heitere, innerlich ausgeglichene Haltung einzunehmen. Der Monolog der Bibel-Übersetzung zu Beginn der ersten »Studierzimmer«-Szene (vgl. V. 1178–1237) atmet ebenfalls innere Ausgeglichenheit und enthält zudem das für den späteren Goethe so wichtige Bekenntnis zur »Tat« (vgl. V. 1235–1237). In der monologartigen Fluchrede am Anfang der zweiten »Studierzimmer«-Szene (vgl. V. 1583–1606) ist zwar von dieser Ausgeglichenheit nichts mehr zu spüren, doch bleibt auch hier, in der reinen Negativität, der überindividuelle Bezug erhalten. In den monologischen Passagen schließlich, die auf den Abschluss der Wette folgen, artikuliert Faust offen sein Bewusstsein, als Stellvertreter der Menschheit zu genießen und zu leiden: »Und was der ganzen Menschheit zugeteilt ist, / Will ich in meinem innern Selbst genießen« (V. 1770 f.).

Auch die Entscheidung, aus dem noch recht jungen Mann des *Urfaust* einen bereits älteren Mann, wohl einen Mittfünfziger zu machen, der in der »Hexenküche« erst einmal um dreißig Jahre verjüngt werden muss, um den Liebhaber spielen zu können, hat wohl nicht in erster Linie mit Goethes eigenem gewandelten Lebensgefühl zu tun (obwohl auch dies eine Rolle gespielt haben wird, was erneut zeigt, wie hoch das Identifikationspotenzial der Figur für ihren Autor gewesen sein muss), sondern mit dem Bestreben, Faust zum Repräsentanten der Menschheit zu machen. Dazu eignet sich eher ein gesetzter Herr als ein junger Wilder.

Doch all diese Maßnahmen machen aus Faust keinen ›klassischen Menschen‹. Werner Keller hat in seinem Aufsatz *Der klassische Goethe und sein nicht-klassischer Faust* darauf hingewiesen, dass Goethe in seiner Winckelmann-Abhandlung von 1805 *(Winckelmann und sein Jahrhundert)* »den griechisch-klassischen Menschen durch drei Wesensmerkmale« bestimmt habe: »heitere Diesseitigkeit, Einssein mit der Natur und geistig-sinnliche Totalität«. »Fausts Existenzform« sei »dessen gerades Gegenteil«: Er sei »melancholisch-weltflüchtig, unendlichkeitssüchtig und in sich gespalten« (Keller 1978, S. 26). Auch sein immerwährendes Streben hat, bei allem Idealismus, der darin zum Ausdruck kommt, vor allem etwas Maßloses und damit ganz Unklassisches. Goethes Gefühl, das ihn schon zu Beginn der letzten großen Arbeitsphase an *Faust I* die Überzeugung äußern ließ, es werde nicht möglich sein, den ganz und gar subjektiven Stoff ins Objektive umzudeuten, trog ihn nicht. Doch was das Werk hierdurch an gedanklicher Geschlossenheit verliert, gewinnt es an innerer Spannung; und dieser Gewinn wiegt jenen Verlust mehr als auf.

VI Rezeption

Die Wirkungsgeschichte von Goethes *Faust* ist im Grunde der Gegenstand für ein eigenes Buch – und ist bereits auch mehrfach in eigenen Büchern dargestellt worden. An dieser Stelle müssen einige knappe Bemerkungen hinreichen, um das Spektrum der *Faust*-Rezeption anzudeuten.

Vorneweg ist auf zwei Punkte hinzuweisen: Da Goethes *Faust* zwar sicherlich den Höhepunkt der dichterischen Gestaltungen des Faust-Stoffs markiert, aber eben doch auch selbst in einer Überlieferungstradition steht, darf nicht automatisch vorausgesetzt werden, dass spätere produktive Aneignungen des Stoffs immer auf Goethes Drama Bezug nehmen. So hat beispielsweise Thomas Mann, dessen Roman *Doktor Faustus* (1947) die künstlerisch bedeutendste Anverwandlung des Faust-Stoffs im 20. Jahrhundert darstellt, an das alte Volksbuch angeknüpft und weitere Quellen, etwa die Lebensgeschichte Friedrich Nietzsches, herangezogen, nicht aber Goethes Dichtung. Thomas Mann erklärte, sein Roman habe »mit Goethes Faust *nichts* gemein […] als die Quelle«. Man könne ihn »vielleicht einen Roman über Nietzsche« nennen, den »Vergleich mit Goethes großem Gedicht« hingegen fordere sein Buch nicht »im geringsten« heraus (Brief an Ernst Schertel vom 29. September 1953).

Der zweite Punkt betrifft die ideologische Vereinnahmung des Werks, insbesondere in den Jahrzehnten von der Gründung des deutschen Kaiserreichs (1871) bis zum Ende der nationalsozialistischen Herrschaft (1945). Richard Wagners Forderung, »[d]er ›Faust‹ sollte eigentlich die neue Bibel sein, ein jeder sollte jeden Vers daraus auswendig wissen« (zitiert nach GHb II, S. 527), korrespondiert zwar mit dem nach der Reichsgründung entstehenden Bedürfnis nach einem neuen exklusiv deutschen Mythos; aber beherzigt wurde diese Forderung nie. Das »Faustisch-Deutsche«, das damals allerorten beschworen wurde, hatte mehr mit dem Zeitgeist und mit Nietzsches Figur des Übermenschen zu tun als mit Goethes Dichtung. Diese spielt daher zwar in der Ideologiegeschichte der Deutschen eine herausragende Rolle; der Blick auf das Drama ist dadurch aber eher verstellt als gefördert worden.

Zum Sonderstatus von Goethes *Faust* hat zudem nicht unerheblich beigetragen, dass das Drama lange als unspielbar galt. »Um Goethes ›Faust‹ aufzuführen, müßte man Fausts Zauberbuch und Beschwörungsformeln besitzen«, meinte bereits der Literaturtheoretiker und Shakespeare-Übersetzer August Wilhelm Schlegel (1767–1845; zitiert nach GHb II, S. 523); und auch Goethe hat sich skeptisch über die Möglichkeiten geäußert, das Werk auf der Bühne zu realisieren. Eine erste Inszenierung von *Faust I* wurde erst 1829, im Jahr von Goethes 80. Geburtstag, in Braunschweig gewagt. (Vorausgegangen war 1819 in Berlin eine Teilaufführung in privatem Rahmen.) Damit war dann allerdings der Bann gebrochen. Noch im selben Jahr zogen die Theater in Hannover, Bremen, Dresden, Frankfurt am Main, Leipzig und Weimar nach. Goethe blieb der Weimarer Aufführung fern. *Faust II* wurde gar erst 1876 zum ersten Mal auf dem Theater gegeben, als Otto Devrient beide Teile des *Faust* aus Anlass der hundertjährigen Wiederkehr von Goethes Ankunft in Weimar ebendort als »Mysterium für zwei Tagewerke« (zitiert nach GHb II, S. 526) aufführte. Diese Inszenierung wurde für fast vier Jahrzehnte stilbildend und prägte eine Epoche, in der der *Faust*, das »größte dramatische Gedicht unserer Nation« (Devrient), als Weihespiel der Deutschen zu besonderen Festtagen zur Aufführung kam.

Unter der nationalsozialistischen Herrschaft wurde auch Goethes Drama gleichgeschaltet. Zu den Neuerscheinungen des Jahrs 1933 zählte ein Buch *Faust im Braunhemd* (von Kurt

Engelbrecht), und 1934 wies ein gewisser Arthur Dix darauf hin, dass Goethe Faust am Ende des zweiten Teils der Tragödie »das ewige Leitwort des Führerprinzips prägen« (zitiert nach Schmidt, S. 315) lasse: »Dass sich das größte Werk vollende / Genügt Ein Geist für tausend Hände.« (V. 11509 f.) Auch die meisten Neuinszenierungen standen im Dienst nationalsozialistischer Propaganda. Eine Ausnahme bildeten die ersten *Faust*-Inszenierungen des damaligen Generalintendanten des Preußischen Staatstheaters und besonderen Günstlings Hermann Görings Gustav Gründgens (1941 *Faust I*, 1942 *Faust II*, beide in Berlin). Sie standen, wie auch Gründgens' zweite Regiearbeit zum *Faust* (Düsseldorf 1949), noch in der Tradition des realistisch-naturalistischen Bühnenstils des 19. Jahrhunderts. Erst mit seiner dritten *Faust*-Inszenierung (Hamburg 1957, vgl. S. 101 dieses Bands) vollzog er den Schritt hin zu einer kargeren, Schauplätze nur noch andeutenden Konzeption, als deren Motto die Verse des Theaterdirektors aus dem »Vorspiel auf dem Theater« (auf das Gründgens in seinen vorherigen Inszenierungen ganz verzichtet hatte) gelten konnten: »So schreitet in dem engen Bretterhaus / Den ganzen Kreis der Schöpfung aus« (V. 239 f.). Diese Inszenierung wurde weltberühmt. Wie schon früher spielte Gründgens den Mephistopheles, die faszinierendere, für den Schauspieler dankbarere der beiden Hauptrollen, die so gut der schillernden Persönlichkeit des Regisseurs zu entsprechen schien. Durch die (nach wie vor, heute auf CD, erhältliche) Schallplattenproduktion, die bereits 1954 als erste Gesamtaufnahme eines Theaterstücks überhaupt im Düsseldorfer Schauspielhaus realisiert wurde, sowie durch den Film, der 1960 auf der Grundlage der Hamburger Inszenierung entstand (vgl. auch das Titelbild und die Abbildung auf Seite 93 dieses Bands), hat sich der *Faust* in den Inszenierungen von Gustav Gründgens ins kollektive Gedächtnis eingegraben. Wer den

Film oder die Schallplattenproduktion kennt, der hört, wenn er in *Faust I* liest, fast unweigerlich den süffisant-überlegenen Tonfall von Gründgens als Mephistopheles sowie die Stimmen von Paul Hartmann (auf der Tonaufnahme) oder Will Quadflieg (im Film) als Faust, von Käthe Gold (Tonaufnahme) oder Ella Büchi (die, als zweite Besetzung der Rolle in Hamburg, in der Filmfassung für die erkrankte Antje Weisgerber einsprang) als Gretchen und von Elisabeth Flickenschild als Frau Marthe Schwerdtlein (in beiden Produktionen) mit.

1952/53 gaben Bertolt Brecht und Egon Monk durch ihre Inszenierung des *Urfaust* mit dem Berliner Ensemble erste Impulse für eine weniger weihevolle, spielerischere Aufführungspraxis. Die Inszenierung wurde nach wenigen Aufführungen abgesetzt, nachdem sie im *Neuen Deutschland* als ›kosmopolitisch‹ und ›formalistisch‹ gebrandmarkt worden war. Brechts Umgang mit Goethe (unter Zuhilfenahme der Verfremdungseffekte des epischen Theaters) widersprach der Linie der offiziellen Kulturpolitik, aus deren Sicht Faust als vorbildhaft-heroische Identifikationsfigur nicht beschädigt werden durfte. Doch Brechts ausführliche Regienotate regten, wenn auch mit einiger Verzögerung, in beiden Teilen Deutschlands weniger ehrfurchtsvolle Annäherungen an Goethes Drama an (etwa Claus Peymanns Inszenierung von *Faust I* 1977 in Stuttgart). Ab den Neunzigerjahren wurde *Faust* dann noch stärker zum Experimentierfeld einer jungen Generation von Regisseuren, denen es darum geht, verbrauchte Wahrnehmungsmuster aufzubrechen (vgl. die Abbildung auf Seite 75 dieses Bands aus Michael Thalheimers Inszenierung am Deutschen Theater Berlin von 2004).

Goethes *Faust* hat etliche Komponisten (die berühmteste *Faust*-Oper stammt von Charles Gounod) und bildende Künstler (vgl. S. 123 dieses Bands) zu eigenen Werken inspiriert.

Auswahlbibliographie

Ausgaben

JOHANN WOLFGANG VON GOETHE: Faust I. Braunschweig: Schroedel Verlag 2015 (Schroedel Lektüren). – Nach dieser Ausgabe wird zitiert. Sie enthält den Text der Erstausgabe von 1808 in neuer Rechtschreibung und bietet Worterklärungen, Sacherläuterungen und einen zwölfseitigen Überblick zu Goethes Leben und Werk.

JOHANN WOLFGANG VON GOETHE: Goethes Werke in 14 Bänden. »Hamburger Ausgabe«. Herausgegeben von Erich Trunz. Zuerst 1949, seither zahlreiche aktualisierte Neuauflagen. München: Verlag C. H. Beck sowie Deutscher Taschenbuch Verlag (für die Taschenbuchausgabe). Zitiert wird in diesem Band nach der Taschenbuchausgabe von 1998 (zitiert als: HA).

JOHANN WOLFGANG VON GOETHE: Faust. Herausgegeben und kommentiert von ALBRECHT SCHÖNE. Band 1: Texte. Band 2: Kommentare. 1994 erschienen in der 1999 abgeschlossenen »Frankfurter Ausgabe« des Deutschen Klassiker Verlags (»Sämtliche Werke, Briefe, Tagebücher und Gespräche«). Aus dem Kommentarband wird hier nach der Taschenbuchausgabe zitiert: Frankfurt am Main und Leipzig: Insel Verlag 2003 (insel taschenbuch 3000) (zitiert als: Schöne).

JOHANN WOLFGANG VON GOETHE: Sämtliche Werke nach Epochen seines Schaffens. »Münchner Ausgabe«. Hrsg. von KARL RICHTER und anderen. München: Verlag C. H. Beck 1985–1999. Hier zitiert nach der Taschenbuchausgabe: München: btb Verlag in der Verlagsgruppe Random House 2006 (zitiert als: MA).

JOHANN WOLFGANG VON GOETHE: Goethes Werke. »Weimarer Ausgabe«. 133 Bände in 143 Teilbänden. Herausgegeben im Auftrage der Großherzogin Sophie von Sachsen. Weimar: Verlag Hermann Böhlaus Nachfolger 1887–1919. Hier zitiert nach der Taschenbuchausgabe: München: Deutscher Taschenbuch Verlag 1987 (zitiert als: WA).

JOHANN WOLFGANG VON GOETHE: »Faust«. »Urfaust«, »Faust. Ein Fragment«, »Faust. Eine Tragödie«. Paralleldruck der drei Fassungen, herausgegeben von WERNER KELLER. Erstmals 1985, als Taschenbuch in der 2. Auflage: Frankfurt am Main: Insel Taschenbuch Verlag 1997.

Zur Biographie Goethes

CONRADY, CARL OTTO: Goethe. Leben und Werk. Zwei Bände. Königstein/Ts.: Athenäum Verlag 1981 und 1985. Seither zahlreiche Neuauflagen und Neuausgaben auch in anderen Verlagen.

UNTERBERGER, ROSE: Die Goethe-Chronik. Frankfurt am Main und Leipzig: Insel Verlag 2002.

Handbuch

Goethe-Handbuch. Herausgegeben von BERND WITTE, THEO BUCK, HANS-DIETRICH DAHNKE, REGINE OTTO und PETER SCHMIDT. Vier Bände in fünf Teilbänden (»Gedichte«, »Prosaschriften«, »Dramen«, »Personen, Sachen, Begriffe/A–K« und »Personen, Sachen, Begriffe/L–Z«) sowie ein Zusatzband (»Chronologie, Bibliographie, Karten, Register«). Stuttgart und Weimar: Verlag J. B. Metzler 1999. Sonderausgabe 2004 (zitiert als: GHb).

Ausgewählte Forschungsbeiträge zu »Faust I«

ANGLET, ANDREAS: »Faust«-Rezeption. In: Goethe-Handbuch (siehe oben: Handbuch), Band 2, S. 478–513.

BÖHME, GERNOT: Goethes »Faust« als philosophischer Text. Zug/Schweiz: Die Graue Edition 2005 (zitiert als: Böhme).

CIUPKE, MARKUS: »Des Geklimpers vielverworrner Töne Rausch«. Die metrische Gestaltung in Goethes »Faust«. Göttingen: Wallstein Verlag 1994 (zitiert als: Ciupke).

FUSENIG, THOMAS: »Faust«-Rezeption in der bildenden Kunst. In: Goethe-Handbuch (siehe oben: Handbuch), Band 2, S. 514 bis 521.

KELLER, WERNER (Hrsg.): Aufsätze zu Goethes »Faust I«. (Wege der Forschung.) Darmstadt: Wissenschaftliche Buchgesellschaft 1974, 3. Auflage 1991.

KELLER, WERNER: Der klassische Goethe und sein nichtklassischer Faust. In: Goethe-Jahrbuch 95, 1978, S. 9–28 (zitiert als: Keller 1978).

KELLER, WERNER: »Faust«. Eine Tragödie (1808). In: WALTER HINDERER (Hrsg.): Goethes Dramen. Neue Interpretationen. Stuttgart: Reclam Verlag 1980, S. 244–280 (zitiert als: Keller).

MAHL, BERND: Die Bühnengeschichte von Goethes »Faust«. In: Goethe-Handbuch (s. oben: Handbuch), Band 3, S. 522–538.

MATUSSEK, PETER: Faust I. In: Goethe-Handbuch (siehe oben: Handbuch), Band 2, S. 352–390 (zitiert als: Matussek).

SCHMIDT, JOCHEN: Goethes Faust. Erster und Zweiter Teil. Grundlagen – Werk – Wirkung. München: Verlag C. H. Beck 1999, 2., durchgesehene Auflage 2001 (zitiert als: Schmidt).

WERTHEIM, URSULA: Klassisches in »Faust – der Tragödie erster Teil«. In: Goethe-Jahrbuch 95, 1978, S. 112–149 (zitiert als: Wertheim).

Zum literaturgeschichtlichen Hintergrund

JØRGENSEN, SVEN AAGE, KLAUS BOHNEN und PER ØHRGAARD: Geschichte der deutschen Literatur 1740–1789. Aufklärung, Sturm und Drang, frühe Klassik. München: Verlag C. H. Beck 1990.

SCHMIDT, JOCHEN: Die Geschichte des Genie-Gedankens in der deutschen Literatur, Philosophie und Politik 1750–1945. Band 1: Von der Aufklärung bis zum Idealismus. Darmstadt: Wissenschaftliche Buchgesellschaft 1985 (zitiert als: Schmidt 1985).

SCHULZ, GERHARD: Die deutsche Literatur zwischen Französischer Revolution und Restauration. Erster Teil: 1789–1806. München: Verlag C. H. Beck 1983, 2., neubearbeitete Auflage 2000.

Über den Autor

Hans-Georg Schede, geboren 1968, studierte in Freiburg Neuere Deutsche Literatur, Anglistik und Mediävistik und hat seither als Buchredakteur, Gymnasiallehrer und freier Autor gearbeitet.

Promotion über den Gegenwartsautor Gert Hofmann (1999). Weitere Veröffentlichungen: Zahlreiche Bücher für Schule und Studium (unter anderem zu Werken von Goethe, Schiller, Kleist, Büchner, Fontane, Thomas Mann, Bertolt Brecht, William Faulkner, Harper Lee, Uwe Timm und Roddy Doyle), mehrere Unterrichtsmodelle (zu Schiller, Kleist, Hesse, Gert Hofmann und Charlotte Kerner), eine Biographie über *Die Brüder Grimm* (2004, erweiterte Neuausgabe 2009) sowie der Band *Heinrich von Kleist* (2008) in der Reihe »rowohlts monographien«.

Bildquellenverzeichnis

Titelbild: Will Quadflieg als Faust und Gustav Gründgens als Mephistopheles in dem Kinofilm, der 1960 unter der Regie von Gründgens' Adoptivsohn Peter Gorski auf der Grundlage der Aufführung von 1957 am Deutschen Schauspielhaus Hamburg (Regie: Gustav Gründgens) entstand.
Foto: © ullstein bild – united archives
S. 49: © Cinetext / Sammlung Richter
S. 75: © Iko Freese / DRAMA. Agentur für Theaterfotografie, Berlin
S. 93 und 101: © ullstein bild – ullstein bild
S. 129: © Barbara Braun / DRAMA. Agentur für Theaterfotografie, Berlin

»Schroedel Interpretationen« (Auswahl)

Alfred Andersch: *Sansibar oder der letzte Grund* (47726)
Bertolt Brecht: *Der gute Mensch von Sezuan* (47739)
Bertolt Brecht: *Die Dreigroschenoper* (47738)
Bertolt Brecht: *Leben des Galilei* (47702)
Georg Büchner: *Dantons Tod* (47719)
Georg Büchner: *Woyzeck* (47708)
Friedrich Dürrenmatt: *Der Besuch der alten Dame* (47706)
Friedrich Dürrenmatt: *Die Physiker* (47712)
Theodor Fontane: *Effi Briest* (47707)
Theodor Fontane: *Irrungen Wirrungen* (47722)
Max Frisch: *Homo faber* (47718)
Johann Wolfgang von Goethe: *Die Leiden des jungen Werther* (47701)
Johann Wolfgang von Goethe: *Faust I* (47721)
Johann Wolfgang von Goethe: *Iphigenie auf Tauris* (47715)
Günter Grass: *Im Krebsgang* (47703)
Gerhart Hauptmann: *Vor Sonnenaufgang* (47733)
E. T. A. Hoffmann: *Der Sandmann* (47725)
Franz Kafka: *Der Process* (47730)
Franz Kafka: *Die Verwandlung* (47727)
Heinrich von Kleist: *Die Marquise von O…* (47734)
Heinrich von Kleist: *Michael Kohlhaas* (47705)
Heinrich von Kleist: *Prinz Friedrich von Homburg* (47713)
Wolfgang Koeppen: *Tauben im Gras* (47714)
Christian Kracht: *Faserland* (47729)
Gotthold Ephraim Lessing: *Emilia Galotti* (47724)
Gotthold Ephraim Lessing: *Nathan der Weise* (47732)
Thomas Mann: *Buddenbrooks* (47716)
Thomas Mann: *Der Tod in Venedig* (47728)
Thomas Mann: *Mario und der Zauberer* (47717)
Joseph Roth: *Hiob* (47731)
Friedrich Schiller: *Don Karlos* (47704)
Friedrich Schiller: *Kabale und Liebe* (47723)
Friedrich Schiller: *Maria Stuart* (47700)
Arthur Schnitzler: *Traumnovelle* (47711)
Sophokles: *Antigone* (47735)
Peter Stamm: *Agnes* (47720)

Siehe auch: http://www.schroedel.de/Interpretationen